Stefan Luft

Flucht nach Europa

Schriftenreihe Band 1721

Stefan Luft

Flucht nach Europa

Ursachen, Konflikte, Folgen

bpb:
Bundeszentrale für
politische Bildung

Stefan Luft lehrt Politikwissenschaft an der Universität Bremen. Schwerpunkt seiner Forschungen sind Fragen der Migration und Integration. Er war Sachverständiger verschiedener Enquetekommissionen der Länder zu dem Thema.

Mit einer Grafik und 9 Tabellen

Meiner Frau und unseren Töchtern
Mögen sie dazu beitragen, die Welt von morgen friedlicher zu machen.

Bonn 2016
Lizenzausgabe für die Bundeszentrale für politische Bildung
Adenauerallee 86, 53113 Bonn

Umschlaggestaltung: Naumilkat – Agentur für Kommunikation und Design, Düsseldorf
Umschlagfoto: © Yannis Behrakis/Reuters

Satz, Druck und Bindung: Druckerei C.H.Beck, Nördlingen

ISBN 978-3-8389-0721-5

www.bpb.de

Inhalt

Vorwort

Der Hohe Flüchtlingskommissar der Vereinten Nationen wird im Jahr 2016 berichten, dass ein weiteres Jahr die Zwangs- und Fluchtmigration stark angewachsen ist. Die humanitären Katastrophen in Syrien, Afghanistan, Somalia, Eritrea und zahlreichen weiteren Ländern sind inzwischen auch in den deutschen Medien an vorderster Stelle präsent, denn die Flüchtlingsbewegungen beschränken sich nicht mehr vorwiegend auf die Herkunftsregionen. Immer mehr Flüchtlinge halten die eigene Situation für derart unerträglich, dass sie die erheblichen Risiken des Weges zu den Wohlstandszonen Europas auf sich nehmen. Deutschland ist dabei eines der wichtigsten Zielländer. Neben den Abstoßungsfaktoren in den Herkunftsregionen der Flüchtlinge wirkt als Anziehungskraft der Ruf Deutschlands als Exportweltmeister, als politisch stabiler Hort der Sicherheit und als Land mit hohen sozialen Standards. Die öffentlichen Debatten der zurückliegenden Jahre sind stets wahrgenommen, die Berichte erfolgreicher Migranten registriert worden. Zum Wanderungswillen gehören aber stets auch Realisierungsmöglichkeiten: der Zerfall von Pufferstaaten wie Libyen, der Zusammenbruch des Dublin-Systems und die Öffnung Deutschlands im September 2015 für einen unkontrollierten Zuzug sowie die politischen Äußerungen, dies weiterhin hinzunehmen – all das trägt zu den vermehrten Wanderungsbewegungen dieser Monate bei. Europa als «Raum der Freiheit, der Sicherheit und des Rechts» muss sich im Umgang damit an seinen eigenen Maßstäben messen lassen.

Das vorliegende Buch soll einen Überblick über die «Flüchtlingskrise» und die Fluchtbewegungen nach Europa, ihre Ursachen und Konsequenzen geben. Nicht nur die Zahlen entwickeln sich mit großer Dynamik – auch die politischen Reaktionen bestimmen seit Monaten die Nachrichten aller Medien. Diese Darstellung basiert auf dem Stand vom November 2015.

I. Migration und Flucht im 21. Jahrhundert

«Krise» ist seit dem 19. Jahrhundert ein vieldeutiges Schlagwort. Krise sei, so Reinhart Koselleck in seinen «Historischen Grundbegriffen», zur «strukturellen Signatur der Neuzeit» geworden. Die Diagnose einer Krise kann Ausdruck einer Deutung politischer, wirtschaftlicher oder gesellschaftlicher Entwicklungen sein, die als Resultat oder Vorboten größerer Umwälzungen gesehen werden. Unsicherheit und Instabilität kennzeichnen Zeiten der Krise. Krise kann sowohl eine einmalige Zuspitzung, einen Wendepunkt, eine Situation der Entscheidung und Veränderung beschreiben als auch einen chronischen Zustand. Krisen kommen und gehen, lösen einander ab, gehen ineinander über. Klingt die eine Krise ab, werden die Vorboten der nächsten Krise ausgemacht. Krise ist zum Schlagwort geworden: Demokratie, Parteien, Politik, Regierungen, Euro, Wirtschaft – für alle wurden in den vergangenen Jahren Krisen ausgerufen, wobei für die Wirtschafts- und Finanzkrisen noch die objektivierbarsten Indikatoren vorliegen. Ob eine politische Konstellation als Krise verstanden wird, hängt von den Interpretationen und Interessen der beteiligten Akteure ab. «Krise!» kann auch als politischer Kampfbegriff verwendet werden, der Handlungsdruck erzeugen und die Durchsetzung politischer Ziele erleichtern soll. Regierungen von Aufnahmestaaten können angesichts von Flüchtlingsbewegungen bewusst krisenhafte Zuspitzungen herbeiführen, indem sie sich weigern, rechtzeitig Vorsorge für Schutz und Unterbringung zu treffen. Potentielle Abgabeländer setzen ihr Wanderungspotential auch als Druckmittel ein: So wurden in den 1990er Jahren Szenarien erheblicher Zuwanderungsgrößen von Regierungen potentieller Herkunftsländer gezielt eingesetzt, um westliche Länder zu Zugeständnissen und vor allem zu wirtschaftlicher Unterstützung zu veranlassen.

Entwicklungen, die als Flüchtlingskrisen verstanden wurden,

hat es in Europa nach dem Verschwinden des Eisernen Vorhangs mehrfach gegeben: die Wanderungsbewegungen Ende der 1980er und zu Beginn der 1990er Jahre, die dazu beigetragen haben, den Zugang zu Asyl stark einzuschränken, sowie die Fluchtbewegungen als Reaktion auf den Zerfall Jugoslawiens in den 1990er Jahren aus Bosnien-Herzegowina und dem Kosovo-Krieg. Mit den gegenwärtigen Flüchtlingsbewegungen verbindet sich mehr. Die Anschläge in zahlreichen europäischen Ländern, die Bilder aus dem Nahen und Mittleren Osten von Kriegswirren, terroristischer Gewalt und dem Exodus von Millionen lassen Ahnungen und Ängste entstehen. Auch die europäischen Kernstaaten, die auf eine historisch einmalige Phase des Friedens und der Prosperität zurückblicken, werden nicht länger von den Folgen der Verheerungen in zahlreichen afrikanischen Staaten, im Nahen und Mittleren Osten, unbehelligt bleiben. Die europäische Peripherie wirkt nicht länger geeignet, eine Pufferfunktion zwischen den Herkunftsregionen und den Zielstaaten wahrzunehmen. Flüchtlingsbewegungen wie die der Jahre 2014 und vor allem 2015 hat es in diesem Ausmaß seit dem Zweiten Weltkrieg nicht mehr gegeben. Hinzu kommt: Die Flüchtenden kommen aus weit entfernten Weltgegenden, und was sie im Gepäck haben, sind zunächst die Erfahrungen entgrenzter, in Teilen religiös legitimierter Gewalt. Was das bedeutet, weiß niemand. Krisen drängen zu Entscheidungen. Sie sind im beginnenden 21. Jahrhundert allerdings in der Europäischen Union im Kollektiv der Mitgliedstaaten zu treffen. Deren Interessen sind selten gleichgerichtet, im Fall der Flüchtlingspolitik spielen nationale Identitätspolitiken eine wichtige Rolle. Identitätskonflikte werden meist unnachsichtig ausgefochten, so dass Kompromisse schwerer zu erreichen sein werden als auf anderen Gebieten. «Krisenmanager» der besonders betroffenen Mitgliedstaaten müssen die zahlreichen innerstaatlichen Akteure zu pragmatischem Improvisieren und zu Reformen motivieren, und sie müssen darüber hinaus die europäischen und internationalen Akteure von den Handlungsnotwendigkeiten, die sie sehen, überzeugen.

Wenn von «Flüchtlingskrise» die Rede ist, muss zuallererst

die Krise der Flüchtlinge selbst in den Blick genommen werden. Bei vielen von ihnen hatte sich die Lage derart zugespitzt, dass sie sich zu einer Entscheidung gezwungen sahen: das Wagnis der Flucht (oder einer weiteren Flucht im Fall von Menschen in den Erstaufnahmestaaten) auf sich zu nehmen. Die Fluchtursachen sind in erster Linie in einer Krise der Herkunftsländer zu suchen, in denen sich langandauernde humanitäre Krisen zuspitzen und verdichten, so dass die Abstoßungsfaktoren immer stärker werden. Schutz finden die Flüchtlinge in erster Linie in benachbarten Ländern, die meist zu den wirtschaftlich schwächsten weltweit gehören. Soziale und politische Spannungen können in diesen Ländern ebenfalls krisenhafte Entwicklungen auslösen oder verstärken. Werden die Erstaufnahmestaaten nicht adäquat unterstützt, werden sie sich ihrer Aufgabe zunehmend verweigern – und die Flüchtlinge das Weite suchen. Krisenverstärkend können sich Flüchtlingsbewegungen für Transitstaaten auswirken, die nicht über die nötige Infrastruktur verfügen, um Hunderttausenden, die in kurzer Frist das Land betreten (in Griechenland rund 721 000 Personen von Januar bis November 2015), Schutz, Versorgung und Unterkunft zu gewähren. Auch in den Zielländern von Flüchtlingen kann die Situation als krisenhaft erlebt und gedeutet werden: wenn etwa die Aufnahmekapazitäten überfordert oder Überfremdungsängste geschürt werden, die rechte und rechtsradikale Parteien erstarken lassen und damit die innenpolitischen Spannungen erhöhen.

Migration und Flucht weltweit

Über 90 Prozent der Weltbevölkerung bleiben sesshaft und wandern nicht. 2013 schätzten die Vereinten Nationen die Zahl der internationalen Migranten weltweit auf 232 Millionen Menschen, das entspricht 3,2 Prozent der Weltbevölkerung. Grundlage hierfür sind die Angaben für jene Teile der Bevölkerung, die im Ausland geboren sind, oder – wenn diese Daten nicht zur Verfügung stehen – der Anteil der ausländischen Bevölkerung. Einschließlich der rund 40 Millionen Binnenflüchtlinge, also jener, die innerhalb ihrer Länder Schutz suchen, sind insgesamt rund vier Prozent der Weltbevölkerung auf der Flucht. Die jährliche Zunahme lag zwischen 2000 und 2010 bei 2,3 Prozent, fiel dann aber auf 1,6 Prozent. Weit darunter liegen die Schätzungen zu den Migrationsbewegungen, also zur Gruppe derjenigen, die tatsächlich innerhalb eines bestimmten Zeitraums über internationale Grenzen gewandert sind. Ihre Größenordnung liegt zwischen 2005 und 2010 bei 41,5 Millionen, was 0,6 Prozent der Weltbevölkerung entspricht. Trotz stark zunehmender Wanderungsgelegenheiten und der Durchdringung der Welt mit «westlichen» Werten, Lebensstilen und Bildern des Wohlstands ist die Zahl der Migranten in den vergangenen Jahrzehnten nur langsam gestiegen. Migration ist also bei weitem nicht der «Normalfall», sondern die Ausnahme.

Rund 40 Prozent der Migranten weltweit bewegen sich vom «armen» Süden in den «reichen» Norden. Etwa ein Drittel bewegt sich innerhalb des Südens und rund 20 Prozent innerhalb des Nordens. Afrikanische Migranten bewegen sich mehrheitlich innerhalb des Kontinents (innerhalb Westafrikas beschränken sich 70 Prozent der Wanderungen auf die Region). Migranten aus Süd-Asien und Süd-Ost-Asien wandern vorwiegend nach West-Asien und Nordamerika. Zu den Zielländern von Lateinamerikanern gehören Nordamerika und Staaten Südeuropas. Wanderungen nach Europa haben ihre Ausgangspunkte in nahezu allen Weltregionen.

Weltweit werden die Flüchtlingszahlen vom Hochkommissar für Flüchtlinge der Vereinten Nationen (UNHCR), Regierungen und Nichtregierungsorganisationen erhoben. Für Angaben zu 63 Ländern ist der UNHCR die einzige Quelle, in 61 Ländern werden die Daten nur von staatlichen Einrichtungen zur Verfügung gestellt. Die Aussagekraft von Daten zum weltweiten Flüchtlingsaufkommen ist daher zwangsläufig eingeschränkt. So beziehen sich die Angaben des UNHCR lediglich auf Flüchtlinge, die unter sein Mandat fallen (es zählen unter anderem weder die palästinensischen Flüchtlinge noch sämtliche Binnenflüchtlinge dazu). Die Zahlen zum Flüchtlingsaufkommen beruhen in der Regel auf Registrierungen, Zensusdaten und anderen Erhebungen sowie Schätzungen. Letztere gelten vor allem für unvorhergesehene Notsituationen und für Länder mit hohem Flüchtlingsaufkommen, die nicht über entsprechende Behörden und Kapazitäten zur Erhebung von Daten verfügen (wie in den großen Flüchtlingslagern Jordaniens oder des Libanon). Diese Unsicherheiten, die nur die Einschätzung von Größenordnungen ermöglichen, beschränken sich aber nicht allein auf Entwicklungsländer.

Erhebliche Abweichungen (bis zu einem Drittel) zwischen den offiziell gemeldeten Zahlen und den tatsächlich gestellten und bearbeiteten Asylanträgen sind auch für die 26 Schengen-Staaten, die 28 Mitgliedstaaten der EU und die 32 Staaten, die dem Dublin-Verfahren angeschlossen sind, festzustellen. Doppelzählungen (etwa Asylbewerber, die nach dem Dublin-Verfahren überstellt werden oder irreguläre Migranten, die zweimal nacheinander EU-Außengrenzen überqueren), unterschiedliche Erhebungs- und Zählverfahren gehören ebenso zu den Gründen wie Unterscheidungen zwischen Asylantragstellern, Asylanträgen und Asylverfahren. Grundsätzlich muss davon ausgegangen werden, dass die EU-Mitgliedstaaten mit Außengrenzen – zumindest zeitlich befristet – mehr Flüchtlinge aufnehmen als aus den Statistiken zu den Asylanträgen hervorgeht (weil sie die Erstregistrierung, zu der sie nach dem Dublin-Verfahren verpflichtet wären, nicht durchführen). Die Zahl der Asylbewerber dürfte auch in den Hauptzielländern größer sein als von den Statistiken angegeben, da den Rückübernahmegesuchen in Dublin-Verfahren nur zu einem geringen Teil Abschiebungen entsprechen. Auch für die Bundesrepublik Deutschland können für 2015 keine verlässlichen Zahlen genannt werden, weil spätestens seit August 2015 ein großer Teil der einreisenden Flüchtlinge erst zeitverzögert registriert wurde. Die Bundesregierung hat im November 2015 eingeräumt, sie wisse nicht, wie viele Flüchtlinge sich in Deutschland aufhalten.

Die Zunahme der weltweiten Flüchtlingsbevölkerung beschleunigt sich seit 2011 jährlich. Wurden 2011 vom UNHCR 42,5 Millionen Flüchtlinge registriert, waren es 2014 bereits 59,5 Millionen. Dieses starke Wachstum hat sich auch 2015 fortgesetzt. Mehr als die Hälfte aller Flüchtlinge weltweit

(53 %) kamen 2014 aus drei Staaten: Syrien (3,9 Mio.), Afghanistan (2,6 Mio.) und Somalia (1,1 Mio.). Der größte Teil aller Flüchtlinge (38 Mio.) sucht Schutz innerhalb ihrer Länder – als Binnenflüchtlinge stellen sie seit Jahrzehnten die absolute Mehrheit der globalen Flüchtlingsbevölkerung. Zu den Staaten mit den meisten Binnenflüchtlingen gehören weltweit Syrien (7,6 Mio., 35 % der Bevölkerung), Kolumbien (6 Mio.), Irak (3,4 Mio.) und Sudan (3,1 Mio.).

Das bedeutet: Im Jahr 2014 sind durchschnittlich pro Tag 42 500 Menschen zu Flüchtlingen geworden. Insgesamt wurden elf Millionen neue Binnenflüchtlinge und 4,6 Millionen internationale Flüchtlinge zusätzlich registriert. 60 Prozent der neuen Binnenflüchtlinge im Jahr 2014 sind das Ergebnis der Krisen im Irak, in Syrien, dem Kongo, Nigeria und dem Südsudan. Zum ersten Mal tauchten 2014 in der Berichterstattung die Ukraine mit mindestens 647 000 und El Salvador mit 935 000 intern Vertriebenen auf. Die meisten Menschen mussten 2014 aus Gebieten im Irak fliehen, die von der Terrororganisation «Islamischer Staat» erobert worden waren. Die Konflikte im Südsudan führten zur Flucht von rund 1,3 Millionen Menschen (11 % der Bevölkerung) innerhalb des Landes.

Von den internationalen Flüchtlingen, also jenen, die sich gezwungen sehen, den Herkunftsstaat zu verlassen (21,3 Mio.), verbleibt der überwiegende Teil in den Anrainerstaaten. Die meisten Flüchtlingskrisen werden also regional aufgefangen. So gehören die Nachbarländer Syriens zu jenen Staaten, die weltweit die größten Flüchtlingsgruppen beherbergen: Türkei mit 1,59 Millionen, Libanon 1,15 Millionen, Iran 0,982 Millionen und Jordanien 0,654 Millionen. Von den insgesamt 2,6 Millionen Flüchtlingen aus Afghanistan leben in Pakistan rund 1,51 Millionen und im Iran 950 000.

Insgesamt nahmen 2014 vier Staaten 36 Prozent (5,2 Mio.) aller Flüchtlinge weltweit auf: Türkei, Pakistan, Libanon, Iran. Entwicklungsländer beherbergen 86 Prozent aller Flüchtlinge weltweit. Allein 5,9 Millionen Menschen unter dem Schutz des UNHCR leben in Ländern, deren Bruttoinlandsprodukt pro Kopf unter 5000 US-Dollar liegt (in der Bundesrepublik

Zahl der Flüchtlinge je 1 US-Dollar Bruttoinlandsprodukt pro Kopf, 2014

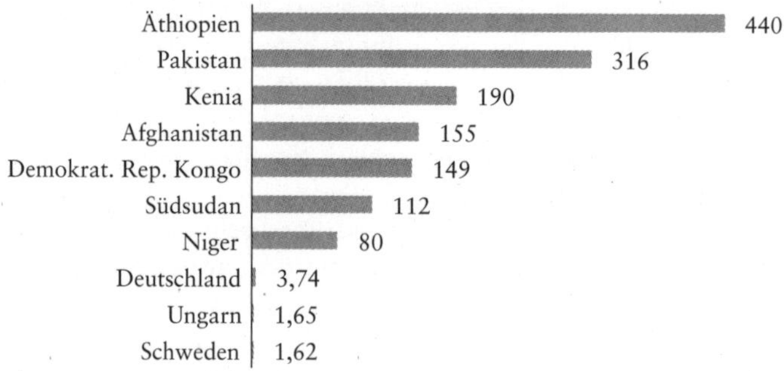

Quellen: World at War. UNHCR Global Trends 2014. Forced Displacement in 2014, Genf 2015, S. 5, und https://www.cia.gov.

Deutschland lag es 2014 bei rund 47 600 US-Dollar). Die am wenigsten entwickelten Länder haben 3,6 Millionen Flüchtlinge aufgenommen.

Motive und Migrationsströme

Eine präzise Unterscheidung von freiwilliger und unfreiwilliger Migration («Zwangsmigration») ist dabei schwierig. Flüchtlinge versuchen, existentieller Bedrohung oder wirtschaftlicher Not zu entkommen. Wenn sie ein Land erreicht haben, das sie vor Verfolgung und wirtschaftlicher Not schützen kann, und trotzdem weiterwandern (um zu Familienangehörigen zu gelangen, die sich bereits in einem anderen Land niedergelassen haben oder weil sie sich in einem bestimmten Land besondere Chancen versprechen), werden sie zu Migranten. Wenn sie in diesem Land einen Asylantrag stellen, gehört dies – rechtlich betrachtet – zur Asylmigration. Motive der Migration können sich während der Wanderung ändern. Zudem können Migrationsbewegungen aus Personen zusammengesetzt sein, die von vorneherein unterschiedliche Motive haben. Staatliche Grenzregime werden durch gemischte Migrationsströme herausgefordert: Die Migranten nutzen dieselben Routen und die gleichen

Transportmittel, fallen aber unter verschiedene rechtliche Kategorien und nutzen verschiedene Zugangspfade zu den Zielstaaten (wie Arbeitsmigranten, Opfer von Menschenhandel oder unbegleitete Minderjährige).

Die Migrationsforschung unterscheidet zunächst allgemein zwischen Anziehungs- und Abstoßungsfaktoren. Zu den Abstoßungsfaktoren (Push-Faktoren) gehören politische und militärische Konflikte, Umweltkrisen, die Bevölkerungsentwicklung in den Abgabeländern sowie das Verhalten der Regierungen der Abgabeländer. Anziehungskräfte (Pull-Faktoren) werden ausgeübt durch zunehmende internationale wirtschaftliche Disparitäten und deren weltweite Wahrnehmung durch Verbreitung von Bildern des westlichen Lebensstils mittels elektronischer Massenmedien und sozialer Netzwerke. Schließlich erzeugen oder befördern die Aufnahmeländer durch Anwerbemaßnahmen oder Legalisierung von illegal Zugewanderten die Anziehungskräfte. Abstoßungs- und Anziehungskräfte verstärken sich häufig gegenseitig. Dabei können sie unterschiedliche Dimensionen haben: Abstoßungskräfte (insbesondere aus ländlichen Regionen) können aufgrund schlechter Lebensbedingungen stärker ausgeprägt sein als die Anziehungskräfte der urbanen Zentren (wenn beispielsweise Arbeitsplätze dort nicht in der notwendigen Zahl vorhanden sind).

Push- und Pull-Faktoren reichen allerdings zur Erklärung nicht aus: Es müssen auch Gelegenheitsstrukturen für Wanderungen vorhanden sein – bei fehlender Realisierungsmöglichkeit wirken sich auch starke Abstoßungs- oder Anziehungskräfte nicht entscheidend aus. So können die allermeisten derjenigen, die als Zivilisten Opfer bewaffneter Konflikte werden, mangels wirtschaftlicher Ressourcen nicht außer Landes fliehen. Nach Angaben des Generalsekretärs der Vereinten Nationen leben gegenwärtig 42 Prozent der Armen weltweit in Staaten mit bewaffneten Konflikten und in zerfallenden Staaten. Bis 2030 wird erwartet, dass dieser Anteil auf 62 Prozent steigt.

Zu den Ursachen von Migration können gehören: ein starkes Bevölkerungswachstum (wie bei der Amerika-Auswanderung im 19. Jahrhundert), internationales Entwicklungs- sowie erhebliches Lohngefälle. Migranten aus Niedriglohnländern können in den entwickelten Industriestaaten Löhne erzielen, die 20- bis 30-mal höher liegen als jene im Herkunftsland. Bei Wanderungen aus ökonomischen Gründen sind die Übergänge von freiwilliger zu unfreiwilliger Migration häufig fließend: Wenn die Grundlage für das Überleben der Familie im eigenen Land nicht mehr erwirtschaftet werden kann, entsteht der Zwang, Kinder und Ehepartner zeitlich befristet zurückzulassen und im Ausland Einkommen zu erzielen. In größerem Umfang gilt das auch für Arbeitsmigranten aus den postsozialistischen Transformationsstaaten, deren Kinder als «Euro-Waisen» bezeichnet werden.

Potentielle *Zielländer* internationaler Migration geben politische Signale ab, die entweder von den Migrationswilligen selbst oder intermediären Organisationen (wie Schleuserorganisationen) wahrgenommen und interpretiert werden. Dazu gehören gezielte Anwerbeaktionen von ausländischen Arbeitskräften («Gastarbeitern») in den westeuropäischen Ländern in der zweiten Hälfte des 20. Jahrhunderts ebenso wie Legalisierungsmaßnahmen für sich unerlaubt aufhaltende Ausländer, die als Chance interpretiert werden, trotz illegaler Einreise einen dauerhaften Aufenthaltsstatus zu erhalten. Von Bedeutung sind auch Möglichkeiten für Zuwanderer, an sozialstaatlichen Leistungen zu partizipieren. Retardierend können restriktive Maßnahmen wirken wie der Ausbau von Grenzkontrollen, das Vorgehen gegen unerlaubte Zuwanderer durch Binnenkontrollen oder die zügige Zurückweisung von Migranten, die kein Aufenthaltsrecht erhalten.

Abgabeländer beeinflussen das Wanderungsverhalten durch mehr oder weniger restriktiv gestaltete Ausreisemöglichkeiten. «Reisefreiheit» gehört zu den in der «Allgemeinen Erklärung der Menschenrechte» der Vereinten Nationen kodifizierten Menschenrechten, ist aber, wie das 20. Jahrhundert gezeigt hat («Eiserner Vorhang»), keine Selbstverständlichkeit. Auch die EU hat immer wieder darauf hingewirkt, dass Nachbarstaaten (vor allem die nordafrikanischen Mittelmeeranrainer) als Transitstaaten Migranten an der Ausreise hindern. Nicht selten wirken Abgabeländer auf Aufnahmeländer ein, Zugangsmöglichkeiten zu eröffnen. Sie versprechen sich von einer (zeitlich befristeten) Auswanderung eigener Staatsangehöriger dringend benötigte Devisen zur Entlastung der Zahlungsbilanz: Die finanziellen Transferleistungen von Migranten sind von erheblicher Bedeutung für die Entwicklung der Herkunftsregionen und wurden und werden von den Entsendeländern gezielt genutzt.

Mikrotheoretische Ansätze stellen die Bedeutung der Arbeitsmärkte und das unterschiedliche Lohnniveau in den Mittelpunkt. Demnach orientieren sich Migranten am maximalen Nutzen, an der Aussicht, eine möglichst hohe Entlohnung zu erhalten und ihre Kosten möglichst gering zu halten. Allerdings werden hier Informationsmängel und die unterschiedlich ausgeprägte Risikobereitschaft nicht berücksichtigt. Zudem müssen auch «Haushalte» und Familien sowie deren Interessen (beispielsweise an Einkommenstransfers aus dem Zielland) einbezogen werden. Ökonomisch-soziale Umwälzungen im Herkunftsland, die zur Destabilisierung und zum Wegbrechen von Einkommensquellen führen, bilden die wesentlichen Voraussetzungen, unter denen zeitlich befristet geplante Arbeitsmigration als Mittel eingesetzt wird, die Einkommensquellen des Haushalts zu diversifizieren und damit Risikovorsorge zu betreiben. Die Akteure beziehen auch die Lage auf dem Arbeitsmarkt des Ziellandes mit ein. Allerdings können Individuen der Haushalte und Familien auch divergierende Interessen verfolgen. Schließlich sind nicht nur ökonomische Motive für Wanderungsentscheidungen maßgeblich. Auch Netzwerke und ethnische Kolonien in den Zielländern beeinflussen die Wahl des Zielstaats. Für Fluchtmigranten sind die Möglichkeiten, Informationen über Kosten des Bleibens und des Fliehens zu erlangen, stark eingeschränkt. Oft können sie weder das eine noch das andere genauer einschätzen. Sie müssen ihre Entscheidungen unter starkem Druck und in großer Unsicherheit treffen. Arbeitsmigration und Flucht unterscheiden sich u. a. durch die vorhandene bzw. nicht vorhandene Planbarkeit: Flucht vor lebensbedrohlichen Situationen erfolgt häufig überstürzt. Am Anfang stehen dann Verlusterfahrungen ökonomischer und nicht ökonomischer Güter – der Heimat, der Familie, der Gesundheit, des Vermögens, des Hauses, des Arbeitsplatzes. Für die Flüchtlinge hat die Flucht ökonomische, psychologische und soziale Auswirkungen. Ihr sozialer Status verändert sich zwischen Herkunftsort und Flüchtlingslager grundlegend. Neben dem Vermögen, das sie bei der Flucht zurücklassen, müssen sie die Kosten für den zurückzulegenden Weg und möglicherweise für Schleuser aufbringen. Beim Start im Aufnahmeland müssen sie zunächst in Lagern von humanitärer Unterstützung leben und haben keinen Zugang zum regulären Arbeitsmarkt, um den Lebensunterhalt aus eigener Kraft zu sichern. Sozialkapital und Humankapital werden in starkem Maße entwertet (Sprache, Netzwerke, berufliche Abschlüsse).

Für makrotheoretische Ansätze bilden strukturelle Faktoren den Rahmen: die wirtschaftliche, soziale und politische Lage in den Herkunfts- und den Aufnahmeländern; die Nachfrage nach billigen und gering qualifizierten Arbeitskräften, die im unteren Lohnsegment, bei schlechten Arbeitsbedingungen und in prekären Beschäftigungsverhältnissen (der insgesamt segmentierten Arbeitsmärkte) eingesetzt werden können; das Regierungshandeln in den Abgabe- und Zielstaaten, die Politik auf internationaler Ebene (Einschränkungen der Reisefreiheit, Migrationskontrolle der EU); die Bevölkerungsentwicklung in den Abgabeländern; geographische Distanzen (die allerdings heute eine immer geringere Rolle spielen); Wanderungsbeziehungen, die sich zwischen Staaten herausgebildet und durch Kettenmigration stabilisiert haben (wie zwischen ehemaligen Kolonialmächten und ihren früheren Kolonien).

Wanderungen sind nicht nur abhängig von der Entscheidung des einzelnen Migranten, sondern auch von den sozialen Beziehungen, in denen er lebt. Deshalb stehen auf der mittleren Ebene Entscheidungen der Netzwerke und Kollektive im Zentrum, in die die Migranten eingebunden sind. Dazu gehören Haushalte und Schleuserorganisationen, die Zuwanderung trotz staatlicher Barrieren realisieren. Netzwerke senken Kosten und Risiken von Wanderungen und ermöglichen deren quantitative Ausweitung. Sie ermöglichen es, «soziales Kapital» im Rahmen der Wanderung zu transferieren.

Die *Ursachen von Flucht* sind vielfältig. An erster Stelle steht die Gewalt gegen Zivilisten durch Kriegsparteien oder paramilitärische Gruppen. Tötungen, Verstümmelungen, gezielte oder willkürliche Angriffe, Folter, Geiselnahmen, das Verschwindenlassen von Personen, Zwangsrekrutierungen (auch von Kindern), Vertreibungen, sexualisierte Gewalt, Gewalt gegen Kinder und die Verweigerung des Zugangs zu überlebensnotwendigen Grundversorgungen, gezielte Angriffe auf Krankenstationen und Schulen gehören inzwischen zu den Merkmalen zahlreicher Konflikte weltweit. Solche Verletzungen grundlegender Regeln des humanitären Völkerrechts gehören zu den regelmäßig verübten Verbrechen. Die Täter können sich meist sicher sein, straflos zu bleiben, was die Hemmschwellen für solche Taten weiter senkt, berichtete der Generalsekretär der Vereinten Nationen im Juni 2015 dem Sicherheitsrat. Diskriminierung und Verfolgung (politisch, ethnisch, religiös, geschlechtsspezifisch), wirtschaftliche und soziale Verelendung, Perspektivlosigkeit, Katastrophen (menschenverursachte und Naturkatastrophen), Klimaveränderungen, aber auch Groß- und Entwicklungsprojekte wie Staudämme oder die Folgen der Ausbeutung von Bodenschätzen sind weitere Ursachen. Opfer von Naturkatastrophen können auch Opfer gewaltsam ausgetragener Konflikte werden, Rückkehrer können zu Binnenflüchtlingen werden.

Der UNHCR unterscheidet vier Kategorien: Flüchtlinge, Asylbewerber, Binnenflüchtlinge und Rückkehrer. Sein Mandat umfasst auch «Staatenlose», also Personen, die über keine Staatsangehörigkeit verfügen (dazu können auch Personen mit ungeklärter Staatsangehörigkeit gehören). Seit den 1990er Jahren wurde die Zuständigkeit des UNHCR auf Binnenflüchtlinge ausgeweitet. Inzwischen fallen alle Flüchtlinge bewaffneter Konflikte und durch Menschen verursachter Katastrophen darunter. Die Vertragsstaaten des Abkommens über die Rechtsstellung der Flüchtlinge (Genfer Flüchtlingskonvention, GFK) sind verpflichtet, mit dem UNHCR zu kooperieren. Die Auslegung der GFK obliegt den Vertragsstaaten, die Anwendung überwacht der UNHCR.

Die Aufnahmeländer reagieren unterschiedlich. In den allermeisten Fällen ist eine zeitlich befristete Aufnahme beabsichtigt, eine dauerhafte Niederlassung soll vermieden werden. Flüchtlingslager werden häufig als Bedrohung der Sicherheit wahrgenommen. Sie könnten zur Basis und zum Rückzugsraum bewaffneter Gruppen werden, zum Ausgangspunkt von Unruhen und Terrorismus. Eine «Willkommenskultur» ist eher die Ausnahme. Korruption und wirtschaftliche Ausbeutung durch den Staat und private Akteure kennzeichnen vielerorts die Zustände in Flüchtlingslagern. Viele Flüchtlinge und Migranten leben in slum-ähnlichen Siedlungen am Rande von Ballungszentren, in denen sie ohne jeden Schutz sind.

Warnsignale für Flüchtlingsbewegungen sind oft früh erkennbar: Hunger, Krankheiten, Zwangsrekrutierungen. Sie werden aber häufig ignoriert, meist herrscht daher Überraschung über Umfang und Geschwindigkeit der Fluchtbewegungen vor. Die Reaktionsmöglichkeiten auf bedrohliche Situationen hängen von den Ressourcen der Betroffenen ab: Sie entscheiden darüber, wer tatsächlich fliehen kann und wohin. Die Verwundbarsten unter ihnen suchen zuallererst Schutz, die Starken suchen nach Möglichkeiten, Einkommen zu erzielen und auf diese Weise das Überleben für sich und Familienangehörige zu sichern. Deshalb sind die meisten Flüchtlinge männlich, Frauen bleiben in den Lagern zurück.

Im Nachhinein erscheint es immer wieder schwer verständlich, dass die Flüchtlingsbewegungen nicht vorhergesehen wurden. Politik und Verwaltungen wissen zu wenig über Motive und Entscheidungsprozesse von Flüchtlingen, über ihre Einschätzung der Risiken, ihren Informationsstand und den Umgang mit unvorhersehbaren Ereignissen. Das gilt sowohl für den Weg nach Europa als auch für die Wahl des Zielstaats dort und entsprechende Weiterwanderungen. Das Wissen, das wir durch empirische Studien haben, beziehen wir von «erfolgreichen» Flüchtlingen, also von jenen, die nach Europa gelangt sind. Von jenen, die ihr Ziel nicht erreicht haben, ist wenig bekannt.

Internationale Wanderungen sind dynamische Prozesse. Motive und Ziele können sich im Zuge der Wanderung verändern. Die Abwägung von Risiken hängt stark von den Umständen ab, die sie zur Wanderung motiviert haben. Personen, die über Jahre zerstörerische Gewalt erleben mussten, werden andere Risiken eingehen als Migranten, die zeitlich befristet in Europa arbeiten wollen. Unmittelbaren Bedrohungen wird mehr Gewicht beigemessen als potentiellen und abstrakten Risiken in der nahen oder fernen Zukunft. Zudem werden kurzfristige, unmittelbare Risiken abgewogen gegen das Risiko, das Ziel des Migrationsvorhabens nicht zu erreichen. Erfahrungen, Emotionen und Informationen verschiedener Art wirken sich hierbei aus. An Knotenpunkten von Wanderungs- und Schleuserrouten (wie Teheran, Kairo, Tripolis, Istanbul oder Athen) sind Informationen über Sicherheit, Arbeitsgelegenheiten und Transportmöglichkeiten von besonderer Bedeutung.

Mündliche Informationsweitergabe, vor allem durch Netzwerke und Diaspora-Gemeinden, die sich auf die Wanderungsrouten und die Zielländer erstrecken, spielt die bedeutendste Rolle. Hier ist das Vertrauen am größten, hier werden auch Kontakte zu Schleusern weitergegeben. Soziale Medien, der Austausch in Online-Gruppen, bieten einen weiteren Informationskanal zu Aussichten und Barrieren, die kurzfristig auftauchen.

Die Denkmuster von Migranten tragen dazu bei, dass widersprüchliche Informationen zu gleichen Handlungen führen. So kann die Information, dass das Mittelmeer stärker von Europäern kontrolliert werde, bei potentiellen Migranten zu der Einschätzung führen, dass die Überfahrt jetzt sicherer sei, da die Wahrscheinlichkeit, aufgegriffen zu werden, jetzt größer sei. Die gegenteilige Information, das Mittelmeer werde jetzt weniger überwacht, kann zu der Einschätzung führen, es sei jetzt erfolgversprechender, die Überfahrt zu wagen, da die Wahrscheinlichkeit, entdeckt zu werden, geringer geworden sei.

Die Genfer Flüchtlingskonvention aus dem Jahr 1951 (novelliert 1967) definiert einen Flüchtling als eine Person, die «aus der begründeten Furcht vor Verfolgung wegen ihrer Rasse, Religion, Nationalität, Zugehörigkeit zu einer bestimmten sozialen Gruppe oder wegen ihrer politischen Überzeugung sich außerhalb des Landes befindet, dessen Staatsangehörigkeit sie besitzt, und den Schutz dieses Landes nicht in Anspruch nehmen kann oder wegen dieser Befürchtungen nicht in Anspruch nehmen will; oder die sich als staatenlose infolge solcher Ereignisse außerhalb des Landes befindet, in welchem sie ihren gewöhnlichen Aufenthalt hatte, und nicht dorthin zurückkehren kann oder wegen der erwähnten Befürchtungen nicht dorthin zurückkehren will.»

Flüchtling ist damit jeder, der diese Kriterien erfüllt (und nicht nur jene, die als Flüchtling anerkannt werden). Nach dem Wortlaut sind weder Binnenflüchtlinge von der GFK erfasst, noch Personen, die aufgrund von Umwelt- oder Naturkatastrophen über Grenzen fliehen. Auch Kriegsflüchtlinge können nicht mit einem Schutzstatus auf Grundlage der GFK rechnen. Hinzu kommt, dass die «neuen Kriege» immer mehr an Bedeutung gewinnen, in denen von einer schwer überschaubaren Anzahl militärischer Gruppen (Milizen, Söldnergruppen, Paramilitärs) systematisch Gewalt gegen einzelne Bevölkerungsgruppen eingesetzt wird. Anstelle klassischer Kriegsziele steht die Herstellung und Bewahrung gesetzloser Verhältnisse, in denen die Gewinnerzielung (wie durch den Anbau von Drogen oder die Ausbeutung von Bodenschätzen) ungestört möglich ist.

Flucht nach Europa und nach Deutschland

Zu unterscheiden ist zwischen der Zahl der Flüchtlinge und Migranten im Allgemeinen und der Zahl der Asylbewerber im Besonderen. Die Zahl der Flüchtlinge, die nach Europa kommen, lag 2014 bei 282 000 und damit bereits 50 Prozent über dem Vorjahr. Allein in den ersten drei Quartalen 2015 registrierte die Grenzschutzagentur Frontex 710 000 Migranten. Die meisten kamen über Griechenland und Italien.

Werden für das Jahr 2015 eine Million Flüchtlinge zugrunde gelegt, liegt deren Anteil an der Gesamtbevölkerung der EU bei 0,2 Prozent. Im Libanon liegt er bei 20 Prozent und in Jordanien bei 8 Prozent. Die EU-Kommission erwartet in ihrer Wirtschaftsprognose aus dem Herbst 2015, dass 2016 der Zugang auf 1,5 Millionen ansteigt und 2017 auf eine halbe Million zurückgeht. Im Jahr 2014 wurden weltweit 1,7 Millionen neue

Anträge auf Asyl oder Flüchtlingsschutz gestellt, davon 866 000 in Industriestaaten. Auf die Russische Föderation entfielen 274 700, auf die Bundesrepublik Deutschland 173 100, auf die USA 121 200 und auf die Türkei 87 000.

Innerhalb der Europäischen Union wurden seit den 1990er Jahren die meisten Anträge auf Asyl in den reichen europäischen Kernstaaten gestellt und nicht in den Staaten mit Außengrenzen. Die Verteilung von Asylbewerbern war innerhalb der EU (EG) immer ungleich. Zu Beginn der 1990er Jahre wurden die meisten Anträge in Deutschland gestellt – 1992 waren es mit 440 000 Anträgen 79 Prozent aller Anträge in der EU. In Relation zur einheimischen Bevölkerung lag Deutschland damit allerdings auf Platz 3. Hinzu kam eine stetig ansteigende Zahl von Aussiedlern, die den Zuzug nach Deutschland kennzeichnete. Von 1990 bis 2006 wanderten fast 2,5 Millionen Menschen als (Spät-)Aussiedler nach Deutschland ein, davon kamen mehr als 90 Prozent aus der ehemaligen Sowjetunion, hier vor allem aus Kasachstan und der Russischen Föderation. Im Zusammenhang mit dem Konflikt im auseinanderbrechenden Jugoslawien nahm die Bundesrepublik Deutschland in der ersten Hälfte der 1990er Jahre rund 320 000 Bürgerkriegsflüchtlinge aus Bosnien-Herzegowina auf.

Auch wenn Deutschland nach dem im Mai 1993 beschlossenen Asylkompromiss seine herausgehobene Position unter den Aufnahmeländern verlor, gehörte es doch weiterhin zu den wichtigen Zielländern innerhalb der EU. Mit dem Anstieg des Flüchtlingszuzugs aus Syrien seit 2011 ist Deutschland mit mehr als 150 000 syrischen Flüchtlingen das größte Aufnahmeland für Syrer außerhalb der Region und unter allen Industriestaaten.

Im Jahr 2014 wurden in den 28 Mitgliedstaaten der EU rund 626 000 Asylanträge gestellt (Angaben von Eurostat). Das ist der höchste Wert seit dem Jahr 1992, in dem 672 000 Anträge in den damals 15 Mitgliedstaaten registriert wurden. Bei den Herkunftsregionen sind die regionalen Schwerpunkte: Vorderasien, Balkan, Afrika südlich der Sahara und Osteuropa. Hauptherkunftsländer waren Syrien (20% aller Asylbewerber),

Afghanistan (7 %), Eritrea und der Kosovo (je 6 %) sowie Serbien (5 %).

Deutschland ist mit 30,6 Prozent aller Anträge Hauptzielstaat in der EU. Mehr als 50 Prozent der Anträge wurden in Deutschland, Schweden und Italien gestellt. Die höchsten Zuwächse registrierten Deutschland (+76 000), Italien (+38 000), Schweden (+27 000), Ungarn (+24 000), die Niederlande (+11 400) und Österreich (+10 500). In Deutschland, Schweden, den Niederlanden und Dänemark stieg die Zahl der Asylbewerber vor allem aus Syrien und Eritrea. Italien war Zielland vor allem afrikanischer Staatsangehöriger (Mali, Gambia, Nigeria). In elf Mitgliedstaaten stellten Syrer die höchste Zahl von Asylbewerbern (41 000 in Deutschland, 31 000 in Schweden). In Ungarn stellten 21 000 Kosovaren Anträge, in Italien 10 000 Nigerianer. In Deutschland wurde ein Drittel aller Asylanträge von Syrern in der EU gestellt und 90 Prozent aller Anträge von Serben. Hier wirken sich Kettenwanderung und Netzwerke aus. In Polen (−47,4 %) und Frankreich (−3 %) ging das Flüchtlingsaufkommen 2014 zurück.

80 Prozent der Asylbewerber in der EU waren jünger als 35 Jahre, 73 Prozent männlich, 26 Prozent waren Minderjährige (jünger als 18 Jahre). 23 000 Anträge wurden von unbegleiteten Minderjährigen gestellt, 86 Prozent dieser Gruppe sind männlich.

Die Verteilung von Asylbewerbern kann anhand verschiedener Kriterien gemessen werden: anhand der absoluten Zahlen pro Land, der Zahlen bezogen auf die Einwohnerzahl, der Wirtschaftskraft oder anhand einer Reihe weiterer Faktoren, die hinzugezogen werden können. Bezogen auf die Bevölkerungszahl der Zielländer liegt der europäische Durchschnitt bei 1,3 Flüchtlingen pro tausend Einwohner. Schweden mit 8,4 Antragstellern auf tausend Einwohner und Ungarn mit 4,3 nehmen die Spitzenplätze ein. Deutschland liegt mit 2,5 Antragstellern auf Platz 7. Elf der 28 EU-Staaten haben überdurchschnittlich viele Asylbewerber aufgenommen. Mehr Flüchtlinge als bei einer Gleichverteilung gemäß Einwohnerzahl nötig, haben 2014 aufgenommen: Schweden (+85 %), Ungarn (+71 %), Österreich

Zahl der erstmaligen Asylbewerber je eine Million Einwohner im zweiten Quartal 2015

EU	420
Ungarn	3317
Österreich	2026
Schweden	1467
Deutschland	979
Slowakei	5
Kroatien	6
Tschechische Republik	26
Polen	46
Großbritannien	115
Frankreich	221

Quelle: Eurostat Pressemitteilung 163/2015 vom 18. September 2015: Asyl in der EU.

(+63 %), Malta (+61 %) und Deutschland (+51 %). Weit unter dem Durchschnitt liegen (und hätten damit mehr aufnehmen müssen, wenn es eine Verteilung nach Einwohnerzahl gäbe) alle südost- und osteuropäischen Länder sowie Frankreich und Großbritannien: Portugal (–2798 %), Slowakei (–1929 %), Rumänien (–1496 %), Tschechische Republik (–1025 %), Großbritannien (–149 %), Frankreich (–27 %). Auch wenn die Wirtschaftskraft (Bruttoinlandsprodukt) zugrunde gelegt wird, bleiben ähnliche Ungleichverteilungen bestehen (Brenke: Flüchtlinge).

Von Januar bis August 2015 beantragten 257 000 Personen Asyl in Deutschland – über ein Drittel der Antragsteller in der EU (etwa 654 000). Insgesamt 47 Prozent wurden von den fünf Mitgliedstaaten Ungarn, Schweden, Italien, Frankreich und Österreich aufgenommen – die anderen 22 Staaten nahmen insgesamt nur 14 Prozent der Asylbewerber auf.

In Deutschland haben seit Beginn des Syrien-Konflikts im Jahr 2011 rund 140 000 Personen Schutz gefunden. Im Rahmen humanitärer Aufnahmeprogramme haben Bund und Länder 37 000 Personen Schutz gewährt. Damit hat Deutschland – so

Asylanträge in der EU nach Herkunftsländern in den Jahren 2013 und 2014

Rang	Herkunftsland	2013	2014	Veränderung
1	Syrien, Arab. Republik	49 980	122 115	+144,3 %
2	Afghanistan	26 215	41 370	+57,8 %
3	Kosovo	20 225	37 895	+87,4 %
4	Eritrea	14 485	36 925	+154,9 %
5	Serbien	22 360	30 840	+37,9 %
6	Pakistan	20 850	22 125	+6,1 %
7	Irak	10 740	21 310	+98,4 %
8	Nigeria	11 670	19 970	+71,1 %
9	Russische Föderation	41 470	19 815	–52,2 %
10	Albanien	11 065	16 825	+52,1 %

Quelle: Das Bundesamt in Zahlen, Nürnberg 2015, S. 31.

die Bundesregierung – mehr als ein Drittel aller syrischen Flüchtlinge aufgenommen, die im Rahmen solcher Programme außerhalb der Krisenregion Schutz gefunden haben.

Herkunftsregionen, Herkunftsländer, Wanderungsursachen

Die meisten Antragsteller in der EU stammten im Jahr 2014 (wie auch schon 2013) aus Syrien. Zwei von drei Asylanträgen von Syrern in der EU werden in Deutschland, Schweden und den Niederlanden gestellt.

Syrien Seit 2011 ist der Krieg in Syrien durch massive Verstöße gegen das Völkerrecht sowie «weitreichende Kriegsverbrechen und schwere Menschenrechtsverstöße, die nicht geahndet werden», gekennzeichnet (Amnesty International: Report 2014/15, S. 448 ff.). Gegen große Teile der Zivilbevölkerung werden unter anderem Fassbomben und Streumunition eingesetzt. Teile der Bevölkerung werden von der Regierung Assad und ihren Unterstützern sowie regierungsfeindlichen Milizen – der UNHCR spricht von 160 solchen Gruppen in ständig wechselnden Koalitionen – in Geiselhaft genommen und systematisch von der Versorgung mit Nahrungsmitteln und medizinischer Versorgung abgeschnitten. Willkürliche Inhaftierungen, Folter und das Verschwindenlassen von Personen sind an der Tagesordnung. Die Terrororganisationen «Islamischer Staat», die Al-Nusra-Front sowie weitere Gruppen werden für Selbstmordattentate und Bombenanschläge verantwortlich gemacht. Der Krieg ist durch mittelbare und unmittelbare Interventionen gekennzeichnet. Er ist zu einem Stellvertreterkrieg zwischen dem Iran und Saudi-Arabien, Sunniten und Schiiten geworden. Eine internationale Koalition, die von den USA angeführt wird, startete im September 2014 Luftangriffe auf Syrien, die gegen den Vormarsch des IS gerichtet waren. Inzwischen haben auch die Türkei und Russland in den Konflikt eingegriffen. Die humanitäre Situation hat sich im fünften Jahr des Krieges weiter stark verschlechtert. Existenzen wurden zerstört, Ressourcen aufgebraucht, die Widerstandsfähigkeit und Belastbarkeit der Bevölkerung wurde zunehmend in Mitleidenschaft gezogen. «Inmitten einer ökonomischen Krise des Landes, steigender Nahrungsmittelpreise und eingeschränkter Einkommensmöglichkeiten ist eine zunehmende Zahl ungeschützter und verletzbarer Familien nicht mehr in der Lage, den grundlegenden Bedarf an Nahrungsmitteln zu decken», berichtet das Welternährungsprogramm. Zudem wachsen Spannungen zwischen Binnenvertriebenen und bereits ansässigen Einheimischen um knapper werdende Ressourcen, die immer weniger dem Bedarf der großen Zahl an Vertriebenen entsprechen.

Der Bürgerkrieg in Syrien hat bis Mitte 2015 dazu geführt, dass laut UNHCR 12,2 Millionen Menschen – nahezu die Hälfte der Bevölkerung – Hilfen zum Überleben und 9,8 Millionen Nahrungsmittelhilfe benötigen; 7,6 Millionen Syrer zu Vertriebenen im eigenen Land wurden, davon 5,6 Millionen Kinder; allein im ersten Halbjahr 2015 eine Million Syrer innerhalb ihres Landes vertrieben wurden, zum Teil mehrfach; 4 Millionen als Flüchtlinge das Land verlassen mussten; 2 Millionen arbeitslos sind; 230 000 Menschen umkamen; 212 000 Menschen in belagerten Gebieten leben, ohne Zugang zu humanitärer Unterstützung; 1 Million Häuser beschädigt und 400 000 vollständig zerstört wurden.

Seit 2014 kommen die meisten Flüchtlinge weltweit aus Syrien. In der Folge wurde die benachbarte Türkei das Land, das weltweit die meisten Flüchtlinge aufgenommen hat. Im Jahr 2014 wurden monatlich rund 92 000 Flüchtlinge aus Syrien in der Türkei registriert – es gibt noch eine erhebliche Dunkelziffer. Von den rund zwei Millionen leben 250 000 in 25 Flüchtlingslagern, die Mehrheit hat sich am Rande von Städten und Dörfern niedergelassen. Seit Ausbruch des Krieges haben 330 000 Syrer einen Asylantrag in der Europäischen Union gestellt, davon 110 000 in Deutschland. Hinzu kommen jene 35 000 Flüchtlinge, denen über kollektive Aufnahmeprogramme Zuflucht gewährt wurde (Zahlen nach Engler: Sicherer Zugang). Der Zugang des UNHCR zu belagerten Gebieten in Syrien ist nur sehr eingeschränkt möglich, das gilt auch für die Lieferung humanitärer Güter.

Nach fünf Jahren Krieg in Syrien eskaliert die Gewalt weiterhin und erfasst immer weitere Teile des Landes. Den Bewohnern der Flüchtlingslager wird immer klarer, dass sie dort, aber auch im Herkunftsland keine Perspektive haben. «Hoffnungslosigkeit und Verzweiflung» benennt der UNHCR als die wesentlichen Auslöser der Flucht im Jahr 2015. Gleiches gilt für Iraker, die vertrieben wurden. Sie berichten mehrheitlich, besonders wenn sie Minderheiten angehören, dass die zunehmende Furcht vor Gewalt der Auslöser für die Flucht gewesen sei.

Hohe Kosten für den Lebensunterhalt (Miete, Lebensmittel) und immer größere Schwierigkeiten, für die eigene Familie zu sorgen, sind weitere Gründe für Flüchtlinge im Libanon, in Jordanien und Ägypten, die Flucht nach Europa anzutreten. Immer häufiger sind Ersparnisse aufgebraucht und letzte Wertgegenstände verkauft. Zugänge zum geregelten Arbeitsmarkt gibt es nicht. Als Voraussetzung für eine Verlängerung des Aufenthaltsstatus verlangt die libanesische Regierung von Flüchtlingen, sich zu verpflichten, nicht zu arbeiten. Damit fehlt die Möglichkeit, aus eigener Kraft vor Ort zu überleben. Dann ist eine Verelendung die Perspektive: Kinderarbeit, Bettelei und immer höhere Verschuldung gehören zu den Folgen. Immer häufiger sind

Flüchtlinge deshalb auf irreguläre Arbeit angewiesen – doch damit sind sie ausbeuterischen Verhältnissen ausgeliefert. Zudem besteht für sie das Risiko, entdeckt und dann von den Behörden in die Lager zurückgeschickt zu werden.

Zudem sind die internationalen Hilfsprogramme unterfinanziert. Die Staaten engagieren sich sehr unterschiedlich, beispielsweise trägt Norwegen mit einem Bruttoinlandsprodukt (BIP) von lediglich 389 Milliarden Euro einen Anteil von drei Prozent der UNHCR-Finanzierung, Frankreich mit einem starken BIP von 2.032 Milliarden Euro nur einen Anteil von einem Prozent. Der Hilfsplan für Syrien ist nur zu 41 Prozent finanziert. Lebensmittelrationen mussten stark gekürzt werden. Flüchtlinge müssen von etwa einem halben Dollar am Tag leben, bei Lebensmittelpreisen, die mit Europa vergleichbar sind. Nach Angaben des Welternährungsprogramms der Vereinten Nationen ist bei 85 Prozent der Flüchtlinge im Jahr 2015 die Versorgung mit Lebensmitteln gefährdet, 2014 lag der Anteil noch bei 48 Prozent. 68 Prozent leben unter der Armutsgrenze (2014 noch 44%). Fast die Hälfte der Flüchtlingshaushalte hat sich in Höhe von umgerechnet mehr als 700 US-Dollar verschuldet. «Viele Flüchtlinge in Jordanien haben UNHCR berichtet, dass diese Kürzungen der letzte Anstoß waren, das Land zu verlassen. […] Die sinkende humanitäre Hilfe wurde sowohl von Flüchtlingen im Irak, in Jordanien, im Libanon und in Ägypten als Grund für ihre Hoffnungslosigkeit und als Auslöser für eine Entscheidung, nach Europa zu gehen, angegeben.»

Im Jahr 2015 hat sich der Zustand, in dem die Flüchtlinge nach Jordanien kamen, stark verschlechtert. Immer mehr haben nur noch die Kleider am Leib. Monate mangelnder Beschäftigung und mangelnder Ernährung liegen hinter ihnen. Da sich die Kämpfe in den Grenzregionen verschärft haben, müssen immer weitere Wege durch die Wüste zurückgelegt werden, um sicher nach Jordanien zu gelangen. Die Spannungen zwischen den Ansässigen und den Flüchtlingen haben zugenommen – die Versorgung mit öffentlichen Leistungen gerät immer mehr unter Druck. In den Großstädten kommt es zu Stromausfällen und zu Wasserknappheit. Die Konkurrenz auf dem Arbeitsmarkt nimmt zu.

Finanzierung des UNHCR

Jahr	Budget (in Mrd. US-$)	Finanzierung (in Mrd. US-$)
2013	5,335	3,234
2014	6,570	3,604

Quelle: http://www.unhcr.org

Geldgeber UNHCR, 2014

Land	Zahlungen (in Mio. US-$)	Anteil an Gesamtfinanzierung UNHCR (in %)	Anteil an Regierungsausgaben (in ‰)	Regierungsausgaben (in Mrd. US-$)
USA	1280	39	0,36	3520,0
EU	271	8	1,73	156,7
UK	203	6	0,18	1106,0
Japan	181	6	0,10	1840,0
Deutschland	139	4	0,08	1664,0
SWE	134	4	0,44	304,0
Kuwait	104	3	1,32	79,0
Saudi-Arabien	92	3	0,31	293,3
Norwegen	90	3	0,39	230,5
Niederlande	77	2	0,18	437,3
Dänemark	77	2	0,39	197,5
Kanada	73	2	0,10	717,1
Australien	48	1	0,09	521,3
Schweiz	47	1	0,21	226,0
Finnland	32	1	0,21	156,1
Katar	26	1	0,39	67,0
Frankreich	21	1	0,0013	1631,0
Andere		8		

Quelle für die Zahlungen: http://www.unhcr.org; für den Regierungsanteil außer EU: The CIA World Factbook; für Regierungsanteil EU: http://europa.eu.

In Jordanien ist die ärztliche Versorgung für die Flüchtlinge nicht länger unentgeltlich. Im Jahr 2015 konnte über die Hälfte (58 %) der chronisch kranken Erwachsenen nicht versorgt werden, 2014 lag dieser Anteil noch bei 23 Prozent.

Auf Weisung der libanesischen Regierung darf der UNHCR seit Mai 2015 keine neuen Flüchtlinge mehr registrieren. Der Libanon hat den Zugang für Flüchtlinge erschwert. Insgesamt sind 1,1 Millionen vom UNHCR registriert, damit sind ein Viertel der Bevölkerung Flüchtlinge. Angesichts des erschwerten Zugangs reisen Syrer deshalb häufiger illegal ein oder nutzen immer öfter den Libanon nur noch als Transitland auf dem Weg in die Türkei. Flüchtlinge, die bereits im Libanon sind, müssen für die jährliche Aufenthaltsverlängerung 200 US-Dollar pro Person zahlen. Neben der Verpflichtungserklärung, nicht zu arbeiten, müssen sie eine beglaubigte Mietbescheinigung vorlegen. «Viele Flüchtlinge fürchten sich davor, inhaftiert zu werden und fühlen sich schutzlos, aufgrund der abgelaufenen Aufenthaltsgenehmigungen», berichtet der UNHCR. Nach Schätzung von UN-Hilfsorganisationen leben 16 Prozent der Flüchtlinge unter – für die dortigen Verhältnisse – inakzeptablen und gefährlichen Bedingungen. Im Durchschnitt bewohnen vier Personen ein Zimmer, in 55 Prozent der Haushalte leben zwischen drei und fünf Personen in einem Zimmer. Zehn Prozent der Flüchtlinge verfügen über genügend Betten, 15 Prozent über ausreichend Tische und Stühle. 39 Prozent der Flüchtlinge haben kein gereinigtes Trinkwasser.

Syrische Flüchtlinge außerhalb der Lager erhalten seit Februar 2015 neue Identitätsdokumente, mit denen sie verschiedene Leistungen in Anspruch nehmen können. Sie müssen dafür allerdings ein Gesundheitszeugnis beibringen, das umgerechnet 42 US-Dollar kostet und das sich viele deshalb nicht leisten können. 41 Prozent der syrischen Flüchtlinge hatten keinen legalen Aufenthaltsstatus.

Hinzu kommt schließlich: Die Bildungsmöglichkeiten sind für die Flüchtlinge in Jordanien, Ägypten, im Libanon und im Irak sehr schlecht. Rund 20 Prozent der Kinder müssen in Jordanien die Schule abbrechen, um arbeiten zu können. Bei Mädchen, so der UNHCR, sind frühe Zwangsehen die Folge. Rund 90 000 Syrer im schulpflichtigen Alter haben keine formale Bildung. 30 000 von ihnen haben zwar Zugang zu gelegentlichen Bildungsangeboten, die restlichen 60 000 haben nicht einmal die Möglichkeiten, diese wahrzunehmen.

Im Libanon besucht die Hälfte aller Kinder eine Schule. Bildung wird für Syrer kostenfrei in einem Zweischichtensystem angeboten. «Viele Kinder empfinden den neuen Lehrplan als zu schwierig oder können kaum anwesend sein, weil sie gleichzeitig ihre Familie unterstützen müssen», berichtet der UNHCR. Zwar hat das libanesische Bildungsministerium die Plätze für syrische Schulkinder um 100 Prozent erhöht (auf 200 000 im Schuljahr 2015/16), dennoch werden in diesem Jahr weitere 200 000 Kinder keine Schule besuchen können. Zugang zu einer Berufsausbildung ist in der gesamten Region nicht vorhanden.

Afghanistan Afghanistan war über 30 Jahre lang das Land, aus dem jährlich die meisten Flüchtlinge kamen. Der Einmarsch sowjetischer Truppen 1980 und der dann folgende Krieg ließen mehr als die Hälfte der Bevölkerung das Land verlassen. Rund drei Millionen gingen nach Pakistan, 1,5 Millionen in den Iran. In den 1990er Jahren wurden 3,3 Millionen afghanische Flüchtlinge in Pakistan und drei Millionen im Iran registriert. Zurzeit leben rund 1,7 Millionen Afghanen in Pakistan und drei Millionen im Iran. Seit dem Jahr 2002 sind 4,7 Millionen mit dem UNHCR-Programm für freiwillige Rückkehr in ihr Heimatland zurückgekehrt.

Im Jahr 2014 liegt Afghanistan an zweiter Stelle der Herkunftsländer – nach Syrien. Pakistan nimmt seitdem nur noch Platz 2 unter den Staaten mit der größten Aufnahmebereitschaft ein. 2014 flohen 280 000 Afghanen vor Gewaltausbrüchen in Pakistan in ihr Herkunftsland. Ein Teil hat im Iran Zuflucht gefunden. Afghanistan zählt rund 950 000 Binnenflüchtlinge.

Die 2014 ausgelaufene Nato-geführte Sicherheits- und Wiederaufbaumission ISAF konnte die Lage in Afghanistan nicht befrieden. Die Zahl der verletzten oder getöteten Zivilpersonen im Jahr 2014 ist stark angestiegen (das gilt vor allem für Kinder). Dies geht laut Amnesty International zu etwa drei Viertel auf das Konto der Taliban oder anderer bewaffneter Gruppen und zeigt, dass die Anwesenheit ausländischer Sicherheitskräfte weiterhin vonnöten ist. Der Zugang humanitärer Hilfsorganisationen zu dem Land ist weiterhin nur eingeschränkt möglich, zudem nahmen 2014 die Angriffe auf Hilfspersonal weiter zu.

Irak Der Irak ist ein klassischer «gescheiterter Staat»: Seit 35 Jahren hat die Bevölkerung keine länger andauernden Friedensphasen mehr erlebt, stattdessen drei Irak-Kriege; mehrjährige, sehr wirkungsvolle Wirtschaftssanktionen der Vereinten Nationen, wodurch mehr als 1,5 Millionen Iraker (davon 500 000 Kinder unter fünf Jahren) Opfer von Mangelernährung und unzureichender medizinischer Versorgung geworden sind; schließlich den Bürgerkrieg seit 2003 und das Zerfallen der staatlichen Strukturen, das Zerbrechen unter dem Druck religiöser und ethnischer Gruppen. Dem Bürgerkrieg sind allein zwischen 2003 und 2011 rund 160 000 Menschen zum Opfer gefallen. Die Lage im Irak hatte sich seit dem Jahr 2011 etwas beruhigt, hat sich 2014/15 aber wieder stark verschlechtert: Mittlerweile benötigen über acht Millionen Iraker humanitäre Hilfe. Besonders schwierig ist die Lage für diejenigen (rund 2,3 Mio.), die sich in Gebieten im Norden und Westen Iraks aufhalten, die sich nicht unter der Kontrolle der Regierung befinden. Rund sieben Millionen Iraker (20% der Bevölkerung) haben keinen Zugang zu grundlegenden medizinischen Leistungen, zu sauberem Wasser und zu sanitären Einrichtungen. Bewaffnete Gruppen, insbesondere der «Islamische Staat», haben zu dieser Entwicklung beigetragen. Seit Beginn des Jahres 2014 sind allein drei Millionen Iraker (davon zur Hälfte Kinder) innerhalb des Landes vertrieben worden. Rund 250 000 Flüchtlinge aus Syrien halten sich im Irak auf.

Afrikanische Staaten Die meisten afrikanischen Migranten bewegen sich innerhalb des Kontinents. In Sub-Sahara-Afrika halten sich 3,7 Millionen Flüchtlinge auf, vorwiegend aus Somalia, dem Sudan, dem Südsudan, dem Kongo und der Zentralafrikanischen Republik.

Die humanitäre Krise in Somalia wird von den Vereinten Nationen weiterhin als die größte und komplexeste weltweit angesehen. 900 000 somalische Flüchtlinge halten sich in den Nachbarländern auf, insbesondere in Äthiopien und Kenia. Mehr als eine Million Binnenflüchtlinge sind das Ergebnis von Vertreibungen und massiver Gewalt. Zusätzlich benötigen 2,1 Millionen Menschen Hilfe. Bewaffnete Konfliktparteien sind regierungstreue Einheiten, die islamistische Gruppe Al-Shabab und die Friedensmission der Afrikanischen Union. Im Jahr 2014 sind nach Angaben von Amnesty International mehr als 100 000 Zivilpersonen verletzt, getötet oder vertrieben worden. Alle Konfliktparteien werden für schwere Menschenrechtsverletzungen und Verstöße gegen das Völkerrecht verantwortlich gemacht. Zwangsrekrutierungen – auch von Kindern –, Verschleppungen, Folterungen, Tötungen und Vergewaltigungen gehören dazu. Die anhaltende Dürre, der eingeschränkte Zugang für humanitäre Hilfsorganisationen und die Behinderung von deren Arbeit (wie durch die Blockade von Hilfslieferungen) tragen zur kontinuierlichen Verschlechterung der Lage bei.

Der Ausbruch von Gewalt im Südsudan Ende des Jahres 2013 führte den Vereinten Nationen zufolge zu 1,5 Millionen Binnenflüchtlingen und 500 000 Flüchtlingen in den Nachbarstaaten, von denen Äthiopien 189 000 Flüchtlinge aufnahm, Uganda 128 000, Sudan 116 000 und Kenia 67 000. Vier Millionen Menschen sind von akuter Nahrungsmittelknappheit bedroht. Neben der gesamten Palette schwerster Menschenrechtsverletzungen wurde 400 000 Kindern der Zugang zu Schulen verwehrt, 70 Prozent der Schulen in umkämpften Regionen des Landes wurden geschlossen. «Der Konflikt war geprägt durch die völlige Missachtung der Menschenrechte, des humanitären Völkerrechts und das Fehlen jeglicher Rechenschaftspflicht für Übergriffe, die im Zusammenhang mit dem Konflikt begangen wurden», urteilt Amnesty International.

Die frühere italienische Kolonie Eritrea gilt als totalitäre Militärdiktatur. Die Vereinten Nationen sprechen von systematischen

Menschenrechtsverletzungen. Das Land verzeichnete 2014 rund 340 000 Flüchtlinge, monatlich fliehen rund 3000 Eritreer außer Landes.

Die inzwischen über zwei Jahrzehnte andauernden Konflikte in der Demokratischen Republik Kongo haben zu einer tiefgehenden humanitären Krise geführt. Ein hohes Maß an Gewalttätigkeit, Unterernährung und der Ausbruch von Seuchen kennzeichnen die Situation. Nach Zahlen der Vereinten Nationen gelten 2,8 Millionen Menschen als Binnenflüchtlinge, 440 000 sind in die Nachbarstaaten geflohen. Die kongolesische Armee kämpft gegen verschiedene Rebellengruppen, denen Gräueltaten an Zivilpersonen vorgeworfen werden. «Dazu zählten rechtswidrige Tötungen, Massenhinrichtungen, Zwangsrekrutierung von Kindern, Vergewaltigung und sexuelle Gewalt, Plünderungen im großen Stil, Niederbrennen von Häusern und Zerstörung von Eigentum. Die Angriffe waren von extremer Gewalt gekennzeichnet, die in einigen Fällen ethnisch motiviert war. Bei einigen Kämpfen ging es um die Kontrolle über Bodenschätze und Handel. Der leichte Zugang zu Waffen und Munition beförderte die Gewalt», berichtet Amnesty International. Einer der Rebellenführer wurde im März 2014 vom Internationalen Strafgerichtshof für schuldig befunden, Verbrechen gegen die Menschlichkeit und Kriegsverbrechen begangen zu haben. Massive Menschenrechtsverletzungen und «exzessive» Gewalt werden auch aus der benachbarten Republik Kongo berichtet.

Religiös motivierte Gewalt (zwischen muslimischen Gruppierungen auf der einen Seite und christlichen und animistischen Gruppen auf der anderen Seite) erschüttert die Zentralafrikanische Republik. Kriegsverbrechen und Verbrechen gegen die Menschlichkeit veranlassten die Vereinten Nationen im Jahr 2014, eine Stabilisierungsmission zu entsenden. Sie konnte allerdings die Übergriffe weder verhindern noch beenden. Auch französisches Militär und die Eingreiftruppe der EU (Eurofor) konnten der Eskalation der Gewalt in diesem Land kein Ende bereiten. 463 000 Binnenflüchtlinge (das entspricht etwa einem Fünftel der Bevölkerung) und 430 000 Flüchtlinge in den Nachbarländern gehören zu den Folgen.

Ukraine In der Ukraine sind aufgrund der russischen Intervention und der daraus entstandenen Konflikte eine Million Menschen auf humanitäre Hilfe angewiesen, die Schutz, Nahrungsmittel und Gesundheitsversorgung umfasst. Im Mai 2015 wurden 1,3 Millionen Binnenvertriebene gezählt. 860 000 sind in Nachbarländer geflohen, rund ein Drittel davon Kinder. Die labile Sicherheitslage in der Ostukraine, die zerstörte Infrastruktur und bürokratische Hemmnisse erschweren es den Hilfsorganisationen, Zugang zu finden.

Westbalkan-Staaten Die Wanderung aus den Staaten des Westbalkans (Albanien, Bosnien und Herzegowina, Kosovo, ehemalige Jugoslawische Republik Mazedonien, Montenegro und Serbien) hängt mit drei Migrationspfaden zusammen, die in den vergangenen Jahrzehnten genutzt wurden: der Arbeitsmigration (Anwerbung von Gastarbeitern), der Fluchtmigration und der Armutsmigration, ermöglicht durch die eingeführte Visafreiheit. Insgesamt mehr als die Hälfte aller zu Beginn der 1970er Jahre im Ausland arbeitenden Jugoslawen waren in der Bundesrepublik Deutschland beschäftigt (496 000 Personen) (Alscher u.a.: Westbalkan, S. 15ff.). Nach dem Anwerbestopp von 1973 setzte der Nachzug von Familienangehörigen in größerem Stil ein. In der ersten Hälfte der 1990 Jahre kamen 350 000 Bürgerkriegsflüchtlinge nach Deutschland, Ende der 1990er Jahre folgten Fluchtbewegungen aufgrund des Kosovo-Krieges. Migrationsnetzwerke, die sich über Generationen erstrecken, wirken sich hier aus. Der erneute Anstieg der Zuzüge seit dem Jahr 2010 geht vor allem auf die Visa-Liberalisierung für diese Staaten zurück (2009 für Serbien, Montenegro, Mazedonien; 2010 für Albanien und Bosnien und Herzegowina). Im Jahr 2012 lebten 808 000 Zuwanderer aus den Westbalkan-Staaten in Deutschland. Auch bei den Asylantragstellern aus den Westbalkanstaaten entfallen auf Deutschland rund 60 Prozent aller Anträge innerhalb der EU.

Zu den Antriebsfaktoren für die Wanderungen werden die schwierige soziale Lage, hohe Arbeitslosigkeit und verbreitete Armut, vor allem der Minderheit der Roma, genannt. Das Bil-

Asylanträge aus den Westbalkanstaaten von 2012 bis 2015 (I. Quartal)

	Anzahl der Anträge	Anteil Deutschlands	Stattgegebene Anträge	Anerkennungsquote
Deutschland	110 250	58,10%	510	0,46%
EU	189 770		6935	3,65%

Quellen: 2012–2014: Eurostat; 2015: MDR Thüringen

dungswesen ist schwach, die staatlichen Unterstützungsleistungen sind sehr niedrig, der Zugang zur Gesundheitsversorgung ist unzureichend. Hinzu kommen die Probleme von Multi-Minoritäten-Gesellschaften und von Transformationsgesellschaften (von kommunistischen Regimen zu demokratisch-kapitalistischen Systemen), Korruption und Nepotismus. Erschwerend wirken sich in Serbien und im Kosovo die Folgen der zurückliegenden Bürgerkriege aus. Ökonomische Anziehungskräfte sind dominierend – auch die Möglichkeit, während des Aufenthalts Sozialleistungen zu beziehen oder legaler oder illegaler Arbeit nachzugehen. Im Fall des Kosovo sollen auch Gerüchte, wonach Deutschland zu Beginn des Jahres 2015 nahezu automatisch Asyl gewähren würde, zur starken Abwanderung beigetragen haben (Möllers u. a.: Massenflucht, S. 3).

Fluchtrouten nach Europa

Drei wesentliche Fluchtrouten sind zu unterscheiden: die östliche Mittelmeer- und Westbalkanroute, die zentrale Mittelmeerroute und die westliche Mittelmeerroute. Die östliche Mittelmeer- und Westbalkanroute stand 2015 im Fokus der Öffentlichkeit, weil sie sehr stark frequentiert wurde und weil die Transitstaaten auf den Zustrom nicht vorbereitet waren. Sie umfasst zwei hauptsächliche Migrationskanäle: von den Westbalkanstaaten selbst in die EU sowie den Weg über die bulgarisch-türkische oder griechisch-türkische Land- oder Seegrenze und dann weiter von Bulgarien aus über Serbien, Ungarn und Österreich nach Deutschland oder über Rumänien, Ungarn,

Österreich nach Deutschland. Eine weitere Option besteht über Albanien und Montenegro (oder Mazedonien) nach Serbien und von dort über Ungarn und Österreich nach Deutschland. Diese Kanäle werden sowohl vorwiegend von Angehörigen der Westbalkanstaaten genutzt als auch von Migranten aus Pakistan, Afghanistan, Nordafrika und Sub-Sahara-Afrika. Die EU-Agentur Frontex registrierte von Januar bis Oktober 2015 rund 582 000 illegale Einreisen. Einfluss auf das Migrationsgeschehen übt auch die seit April 2013 erfolgte Visa-Liberalisierung der Türkei gegenüber zahlreichen afrikanischen Staaten aus. Für Marokko, Syrien, und Tunesien besteht seitdem keine Visapflicht für eine Einreise in die Türkei. Der auf diese Weise eröffnete Migrationspfad in die Türkei wird zunehmend genutzt, um dann über Bulgarien und Griechenland in die EU zu gelangen.

Im Jahr 2013 nahmen die Migrationsbewegungen an der ungarisch-serbischen Grenze stark zu. Die ungarische Regierung reagierte darauf mit mehrfachen Verschärfungen des Asylrechts (Einweisung von Flüchtlingen in Lager) und verstärkten Grenzkontrollen. Daraufhin gingen die Zahlen zunächst stark zurück. Zu einem weiteren starken Anstieg kam es 2014 – vor allem der Zahl der Migranten, die über die Türkei in die EU eingereist waren, sowie von Kosovaren. Sie wurden in offenen Lagern untergebracht, von wo aus sie nach Westeuropa, vorwiegend Österreich und Deutschland, weiterwanderten und Asyl beantragten. Mit dem weiteren Anstieg des Zugangs im Jahr 2015 machte sich der Mangel an Aufnahmemöglichkeiten in den Transitstaaten immer stärker bemerkbar. Mitte September schloss Ungarn die Grenze zu Serbien, Kroatien schloss zeitweise die Grenze zu Slowenien. Serbien und Mazedonien haben seit Ende November 2015 Zugangsbeschränkungen eingeführt, um die Weiterreise von Flüchtlingen und Migranten entlang der Balkanroute einzuschränken. Nur noch Staatsangehörige aus Syrien, dem Irak und Afghanistan dürfen einreisen, alle anderen werden abgewiesen. Chaotische Zustände sind die Folge. Diese Maßnahmen, so der UNHCR, «verschärfen die Spannungen an den Grenzübergängen und sorgen für einen Dominoeffekt, der dazu führt, dass viele Flüchtlinge und Migranten an verschiedenen Grenzübergängen festsitzen». Die Vereinten Nationen drängen darauf, dass die Migranten, insbesondere Kinder und andere Personen mit besonderem Schutzbedarf, angemessen untergebracht werden.

Allein die Hälfte der Migranten in den ersten neun Monaten des Jahres 2015 kamen über die griechischen Inseln (vor allem Lesbos), die meisten von ihnen waren Syrer. Hierunter waren überdurchschnittlich viele Familien mit Kindern. Aus den Westbalkanstaaten selbst wurde diese Route ebenfalls stark frequentiert, vor allem von Kosovaren und Albanern.

Die *zentrale Mittelmeerroute von Nordafrika nach Italien und Malta über das Mittelmeer* wird ebenfalls stark genutzt. Über Italien kamen in den ersten neun Monaten des Jahres 2015 rund 129 000 Personen, vor allem aus Eritrea, Nigeria, Somalia, Gambia und dem Sudan. Flüchtlinge aus Syrien haben diese Route 2015 wesentlich weniger genutzt als in früheren Jahren. Dies ist auf die Risiken dieser Route zurückzuführen, aber auch auf die eingeführte Visa-Pflicht für Syrer durch Ägypten und Algerien, wodurch es schwieriger wird, Libyen zu erreichen. Schleusernetzwerke in Libyen und im Sahel spielen hier eine große Rolle.

Die *westliche Mittelmeerroute* umfasst den Seeweg von Nordafrika zur Iberischen Halbinsel sowie den Landweg über die spanischen Exklaven Ceuta und Melilla an der nordafrikanischen Mittelmeerküste. Sie wurde vor allem von Migranten aus Staaten südlich der Sahara genutzt, hat aber aufgrund verstärkter Grenzkontrollen an Bedeutung verloren. Die EU-Agentur Frontex registrierte hier von Januar bis September 2015 rund 10 500 illegale Grenzübertritte.

Schleuserorganisationen

Im Protokoll zum Übereinkommen der Vereinten Nationen gegen die grenzüberschreitende organisierte Kriminalität aus dem Jahr 2006 wird die Schleusung von Migranten definiert als «die Herbeiführung der illegalen Einreise einer Person in einen Vertragsstaat, dessen Staatsangehörigkeit sie nicht besitzt oder in dem sie keine Berechtigung zum ständigen Aufenthalt hat, mit dem Ziel, sich unmittelbar oder mittelbar einen finanziellen oder sonstigen materiellen Vorteil zu verschaffen» (Art. 4, Abs. a). Das Einschleusen von Personen – die Ermöglichung illegaler Einreise – steht in Deutschland unter Strafe.

Die meisten Migranten können die lange, durch unbekanntes Gebiet führende Reise, die mit hohen Risiken behaftet ist, nicht ohne fremde Unterstützung antreten. Das gilt erst recht für die Überwindung von Grenzen, wenn sie keine Chance auf legale Zuwanderung haben. Hier ist die Schleuserindustrie auf den Plan getreten, die sowohl die illegale Einreise als auch – in vielen Fällen – den illegalen Aufenthalt organisiert.

Schleuser bieten ein heterogenes Erscheinungsbild. Sie sind nicht zentral und hierarchisch organisiert. Die Bandbreite reicht von privaten Netzwerken einzelner, die Angehörigen der eigenen Gruppe beim illegalen Grenzübertritt helfen und dafür nur die entstandenen Kosten in Rechnung stellen, bis hin zu Schleuserunternehmen, die über komplexe internationale Netzwerke verfügen und hohe Umsätze und Gewinne erzielen. Die Köpfe der Organisationen sind häufig Akteure der organisierten Kriminalität, vor allem mit Verbindungen zum Drogenhandel. Die Kontaktpersonen, die die Kunden anwerben, sind meist gleicher Nationalität oder Ethnie wie diese. Das Vertrauen spielt in derartigen Geschäftsbeziehungen eine zentrale Rolle. Hinzu kommen Helfer, die als kleine Gewerbetreibende einzelne Dienstleistungen erbringen (Wohnungen vermieten, Transporte anbieten oder Lebensmittel zur Verfügung stellen) und damit dringend benötigte Nebeneinkünfte erzielen. Bei ihnen kann davon ausgegangen werden, dass sie nicht in jedem Fall wissen, dass sie damit Bestandteil des Netzwerks von Schleusern sind. Sie stellen die Verbindung zwischen den Schleusern und der lokalen Bevölkerung dar und sind «zugleich Opfer und Mittäter in diesem kriminellen Geschäft» (Triandafyllidou/Maroukis: Migrant smuggling, S. 199). Ohne diese soziale Einbettung vor Ort wäre das Geschäft der Schleuser nicht möglich.

Klar zu unterscheiden sind diese professionellen Akteure von

«Fluchthelfern», wie sie im «Dritten Reich» oder in der DDR tätig waren. Nicht die Absicht auf Gewinn ist dabei entscheidend. Vielmehr sind es die «gezielte Ausbeutung und Täuschung der Migranten sowie das gezielte Schaffen von Abhängigkeiten» (Pfau: Schleusungskriminalität, S. 38). Schleuserorganisationen sind ausgerichtet auf Profitmaximierung und Risikominimierung. Dafür setzen sie Flüchtlinge der Lebensgefahr aus. Wenn untaugliche Boote überfüllt und ohne geeignetes Personal auf die Überquerung des Mittelmeers geschickt werden, wird beides erreicht: Der Gewinn wird möglichst maximiert, das Risiko wird minimiert, weil kein eigenes Personal mehr an Bord ist. Die Brutalität und die Skrupellosigkeit, mit der Schleuser ihre Kunden und Opfer erpressen, um noch höhere Summen zu erzielen, sind enorm. Die überlebenden Opfer des Bootsunglücks von Lampedusa im Oktober 2013 berichteten, dass sie vor ihrer Abfahrt von Schleusern vergewaltigt worden seien. Die Migranten werden weder realistisch über die Risiken ihrer Reisen noch über die Aufnahmebedingungen in den Zielregionen informiert. Sie sind einerseits Geschäftspartner (Kunden), andererseits sind sie, sobald die Reise angetreten wurde, den Schleusern und ihren Netzwerken ausgeliefert. Dabei gilt die Profitlogik nicht grenzenlos: Schleuser müssen auch am Erfolg der Schleusung interessiert sein, denn nur dann können Migranten dies in ihre Netzwerke kommunizieren und damit für neue Kunden sorgen. Dennoch bleibt die Machtasymmetrie zwischen den Beteiligten erheblich.

Schleusungen erfolgen meist in Etappen. Die Migranten werden zu Knotenpunkten gebracht, an denen sie neues Geld aufbringen müssen, um die nächste Etappe finanzieren zu können.

In weiten Teilen der Öffentlichkeit wird ein unzutreffendes Bild von Schleusern und den Merkmalen ihrer Tätigkeit gezeichnet. So wird unterstellt, dass Menschenhandel und Schleuserwesen eindeutig zu trennen seien. Anders als Menschenhändler verdienten Schleuser nicht an der Ausbeutung, sondern erbrächten mit der Schleusung lediglich eine Dienstleistung. Bei dieser Darstellung bleibt außer Betracht, dass die Grenzen zwischen Schleusung (kommerzieller Unterstützung illegaler Einreise) und Menschenhandel (Schleusung zum Zweck der Ausbeutung) häufig fließend sind. Frauen und Kinder sind die besonders verletzlichen Gruppen, welche häufig als Kunden von Schleusern die Reise beginnen und als Opfer von Menschenhandel enden. In Fällen, in denen die Schulden bei den Schleusern im Zielland abbezahlt werden müssen, folgt auf die Ankunft die Ausbeutung in irregulären Arbeitsverhältnissen oder der Einsatz als Kleindealer im Drogenhandel.

Schleuser müssen Logistikspezialisten sein und über Einfallsreichtum, Entschlossenheit und Erfahrung verfügen. Sie müssen über eine hohe Kontaktdichte verfügen, wissen, welche Verwaltungsmitarbeiter bestechlich sind (Polizei, Grenzschutz, Konsulate), über fundierte und aktuelle Kenntnisse der Routen und der damit verbundenen Risiken verfügen, wissen, wo und wann Boote zur Verfügung stehen. So gilt die Route über Libyen als sehr gewalttätig, weil es zu Konflikten zwischen Schleusern und libyschen Grenzkontrollen kommen kann. Als sehr gefährlich gelten unter anderem die Durchquerung der Sahara sowie der Weg entlang der türkischen Berggrenze zum Iran. Lokale Milizen sind hier weitere Gefährdungsquellen; immer wieder kommt es zu Entführungen und Geiselnahmen, mit denen sie versuchen, ebenfalls Gewinne von den Migranten zu erpressen. Schleuser wählen deshalb meist nicht den direkten und schnellsten Weg, sondern nehmen Umwege in Kauf, um Risiken und Barrieren zu meiden.

Generell gilt: Schleuser sind flexibler und können schneller reagieren als Staaten und Behörden. So wirkt sich die Intensität der Grenzkontrollen auf die Tätigkeit von Schleusern und auf die gewählten Routen aus: Je mehr kontrolliert wird, desto stärker steigen die Preise der Schleuser oder es verschieben sich die Migrationsrouten – nicht selten werden dann auch gefährlichere Passagen genutzt. Die Preise hängen aber nicht nur von der Kontrollintensität ab, sondern auch von der Zahl der vorhandenen Boote, der Nachfrage, dem Verhandlungsgeschick und der Zahlungsfähigkeit der Kunden. Diejenigen, die weniger bezahlen können, werden dann höheren Risiken ausgesetzt – so sind sie es, die in den überfüllten Booten meist unter Deck untergebracht werden, ohne Belüftung und ohne Zugang zu Toiletten. Die Preise variieren von einigen hundert bis zu mehreren tausend Euro pro Person.

Schleuser sind nicht die Ursache von Migration, aber sie sind ein zentrales Element in dem komplexen Gefüge von Akteuren, die an dem Wanderungsvorhaben über tausende von Kilometern, von einem Kontinent auf den anderen, mitwirken. Um die Dynamik illegaler Migration verstehen zu können, muss allerdings auch die Lage derjenigen, die sich für die Wanderung entschieden haben, einbezogen werden. Selbst wenn sie die Risiken im Einzelnen realistisch einschätzten, würden sich viele von ihrem Vorhaben nicht abhalten lassen. Die Familie im Herkunftsland hat Ressourcen mobilisiert (Eigentum verkauft, Schulden gemacht), um die Reise zu finanzieren. Wer mit leeren Händen zurückkehrt, wird von der Familie und der lokalen Gemeinschaft stigmatisiert.

Das Geschäftsmodell der Schleuser wird nur dann unattraktiver, wenn es gelingt, die Rahmenbedingungen ihrer Arbeit zu verschlechtern und die Nachfrage zu reduzieren. Zu den Rahmenbedingungen gehören schwache Staaten, in denen Korruption, hohe Arbeitslosigkeit und ineffiziente Polizeiarbeit vorherrschen. Die Nachfrage kommt zum einen von den «Kunden», die die Dienstleistung in Anspruch nehmen müssen, wenn sie die langen und schwierigen Routen durch Wüsten, Bürgerkriegsgebiete und Regionen, die von Milizen beherrscht werden, bewältigen wollen. Zum anderen kommt die Nachfrage aus den Zielländern nach billigen und illegalen Arbeitskräften (wie auf Orangenplantagen in Kalabrien, auf denen afrikanische Migranten als Tagelöhner zu Hungerlöhnen arbeiten), oder in ganz Europa in der Prostitution.

Militärische Einsätze können lediglich den Kostendruck auf das Geschäftsmodell erhöhen. Sie sind nur dann wirkungsvoll, wenn sie mit einer Verbesserung der wirtschaftlichen und politischen Lebensbedingungen in den Herkunfts- und Transitländern einhergehen. Zudem müssen solche Einsätze berücksichtigen, dass es keine klaren Ziele gibt. Weder Schleuser noch Schleuserboote sind als solche gekennzeichnet, und immer wieder bieten neue ihre Dienste an. Die eingesetzten Boote sind meist Fischerboote, die ihren Zweck über Nacht für Außenstehende kaum feststellbar wandeln.

Wohin in Europa? Die Auswahl von Zielstaaten

Verschiedene Faktoren wirken sich auf die Wahl des Zielstaats aus. Zu jenen, die für alle Migranten gelten, gehören die politische und wirtschaftliche Stabilität (Arbeitsmarkt) und der Ruf des Ziellandes. So gilt die Bundesrepublik Deutschland als eine der bedeutendsten Wirtschaftsmächte weltweit, als die dominierende Kraft in der Europäischen Union und als offenes, liberales Land. Die Außenwahrnehmung kann sich hier von der Binnenperspektive durchaus unterscheiden.

Hinzu kommt die Existenz von Diaspora-Gemeinden in Deutschland und somit Netzwerken (vor allem aufgrund von Kettenmigration). Darauf hat die deutsche Aufnahmepolitik bezogen auf Syrien bewusst abgestellt – das Vorhandensein von Verwandten in Deutschland war und ist ein zentrales Auswahlkriterium der humanitären Aufnahmeprogramme von Bund und Ländern. Die Integration sollte damit erleichtert und die finanziellen Risiken (Krankenversicherung etc.) auf die Verwandten übertragen werden. Die Beschleunigung von Prozessen der Kettenwanderung (Pioniere wandern voraus und ziehen Landsleute nach) war hier offensichtlich eine unbeabsichtigte Nebenfolge. Kettenmigration ist ein sich selbst verstärkender, dynamischer Prozess – der Zuzug von Syrern nach Deutschland lässt dies wieder einmal deutlich hervortreten.

Weitere Aspekte können historische Bezüge (Kolonialvergangenheit) und Kenntnisse der Sprache des Ziellandes sein. Zu jenen, die spezifisch für Flüchtlinge gelten, gehören: der Zufall, die geographische Lage (die Erreichbarkeit), der Einfluss von Schleusern, die Aufnahmestandards (Unterbringung, Zugang zu Gesundheitsversorgung), wahrgenommene Anerkennungswahrscheinlichkeiten sowie die staatliche Unterstützung während des Verfahrens. Können sich Flüchtlinge frei im Zielland bewegen oder müssen sie in Lagern leben? Hinzu kommen die

Dauer der Asylverfahren und damit die Dauer des Bezugs von Leistungen. Welche Leistungen werden gewährt – Sachleistungen oder Bargeld? Gibt es Berichte über oder von Personen, die nach erfolglosem Asylantrag vom Zielstaat zurückgeführt wurden? Wie wird die Chance, auch ohne Bleiberecht bleiben zu können, eingeschätzt? Welchen Restriktionen unterliegt der Nachzug von Familienangehörigen nach einer möglichen Anerkennung als Flüchtling? Der Zugang zum Arbeitsmarkt, die Wahrnehmung der wirtschaftlichen Stärke und damit der Aufnahmefähigkeit des Arbeitsmarktes, das politische Klima (Dominanz ablehnender Strömungen oder «Willkommenskultur») sind weitere Gesichtspunkte. Schließlich: Gerüchte – sie werden regelmäßig in die Welt gesetzt und beeinflussen Wanderungs- und Zielstaatsentscheidungen. Über die Urheber kann nur spekuliert werden – geht es nach der Antwort auf die Frage «Cui bono?», dann dürften nicht selten Schleuser die Urheber sein.

Über den Einfluss der einzelnen Anziehungsfaktoren, die von potenziellen Zielländern ausgehen, lassen sich keine empirisch unterlegten Aussagen machen. Eine simple Kosten-Nutzen-Analyse reicht jedenfalls zur Erklärung nicht aus. Befragungen von Flüchtlingen und von Experten können Hinweise geben. Grundsätzlich gilt: Öffentlichkeitswirksam diskutierte Maßnahmen zur Legalisierung unerlaubten Aufenthalts in größerem Stil (seien sie arbeitsmarktbezogen, ordnungsrechtlich oder humanitär motiviert) haben Nebenwirkungen – die Aussicht, im Ergebnis doch ein Bleiberecht zu erhalten, befördert Migrationsentscheidungen zugunsten der jeweiligen Zielstaaten.

2. Migrationspolitik und Grenzregime der EU

Inmitten der Euro-Krise erhielt die Europäische Union im Jahr 2012 den Friedensnobelpreis. Seitdem rissen die negativen Schlagzeilen nicht mehr ab. Die Griechenlandkrise und der Umgang mit dem Wanderungsdruck – unübersehbar geworden durch die steigende Zahl der katastrophalen Unglücke von Flüchtlingen auf dem Mittelmeer – waren dafür die wesentlichen Ursachen. Dabei war doch auf eine mehr als zehnjährige dynamische Politikentwicklung zu Asyl und Migration in der Union zurückzublicken und ein gerade erst – im Sommer 2013 – verabschiedetes *Gemeinsames Europäisches Asylsystem* (GEAS) vorzuweisen. Unter gleichen Bedingungen und zu gleichen Maßstäben sollten EU-weit Asyl und Flüchtlingsschutz gewährt werden. Gleichzeitig setzten die EU und ihre Mitgliedstaaten aber alles daran, jene von sich fernzuhalten, denen die wirtschaftliche Stärke und die politischen Versprechen der EU so attraktiv erschienen, dass sie sich dorthin auf den Weg machten. Die EU umgibt sich zu diesem Zweck mit immer mehr Grenzanlagen sowie mit unsichtbaren, «intelligenten» Grenzen. Zudem sollen Nachbarstaaten als Puffer wirken und unerwünschte Migranten vom Übersetzen in die Union abhalten. Die politischen Ansprüche, als «Raum der Freiheit, der Sicherheit und des Rechts» Schutzsuchenden Aufenthalt zu gewähren und gleichzeitig am Prinzip der Steuerung von Zuwanderung festzuhalten, wurden hier als Pole eines Spannungsverhältnisses deutlich erkennbar. Die Normen des internationalen Flüchtlingsschutzes und der Menschenrechte einerseits und die migrationsskeptischen Bevölkerungen der Mitgliedstaaten andererseits zwangen die Regierungen zu dauerhaften Balancen und schwierigen Kompromissen. Zuwanderung zu steuern hieß ja in erster Linie, zwischen jenen zu unterscheiden, die als gewinnbringend und jenen, die als belastend empfunden wurden. Für die einen sollten legale Zugangswege erweitert, für die anderen, die rechtlich als «illegale» Migranten galten, Zugang soweit wie möglich unterbunden werden. Die Unterscheidung zwischen «gewollten» und «nicht gewollten» Migranten ist kennzeichnend für die Politik «klassischer Einwanderungsländer» (wie Kanada und Australien), zu denen die EU seit Ende der 1990er Jahre in Konkurrenz tritt. Denn arbeitsmarktorientierte Migration wird seitdem in der EU als «Instrument für Wachstum» und als Reaktion auf den demographischen Wandel und Engpässe auf dem Arbeitsmarkt betrachtet.

Nachbarstaaten wie Libyen konnten seit dem Arabischen Frühling ihre Grenzen als Filter nicht länger in den Dienst der EU stellen – die verantwortlichen Regime waren verschwunden. Mit der Kooperation mit Diktatoren wie Muammar al-Gaddafi hatte sich die EU auch von ihnen abhängig gemacht. Die Konsequenzen hatten vor allem die EU-Mitgliedstaaten mit Außengrenzen zu tragen. Sie erwiesen sich zunehmend als überfordert und verweigerten sich dem System. Die EU nahm diese Entwicklungen zu lange hin, bis deren Eigendynamik sie aus dem Ruder laufen ließ und der Druck so groß wurde, dass sich die Flüchtlingsströme Bahn brachen und seitdem die europäischen Kernstaaten ungebremst erreichen. Die darauf folgenden Vorschläge der EU-Kommission und der Regierungen kommen zu spät und finden nicht die nötige Unterstützung. Die Regierungen erweisen sich nun nicht mehr als Herren des Geschehens. Das Spannungsverhältnis zwischen den hohen eigenen normativen Ansprüchen und der migrationspolitischen Wirklichkeit ist hier mit Händen zu greifen.

Dies und der starke Flüchtlingsandrang trugen zum Zusammenbruch des «Dublin-Systems» bei. Auf die lange diskutierten Verteilungsquoten haben sich die Mitgliedstaaten bislang nicht einigen können – zu unterschiedlich sind die historischen und institutionellen Ausgangslagen. Immer mehr Staaten bauen wieder Grenzanlagen (Ungarn, Österreich, Slowenien). Wenn die Flüchtlingsbewegungen weiter auf dem Niveau der zweiten Hälfte des Jahres 2015 anhalten, werden die Forderungen, die Kontrollen an den Binnengrenzen flächendeckend wieder einzuführen und damit das Schengen-System abzuschaffen, lauter werden. Das würde die Europäische Union in ihren Grundfesten erschüttern.

Europäisierung der Asylpolitik

Die Abschaffung der Grenzkontrollen zwischen den Schengen-Vertragsstaaten und schließlich die Freizügigkeit von Unionsbürgern innerhalb der Europäischen Union hatten zur Folge, dass die Mitgliedstaaten der EU die Entscheidungshoheit über Einreise, Aufenthalt und Ausreise verloren. Die Mitgliedstaaten des Schengen-Raums verloren einzelstaatliche Steuerungsmöglichkeiten – die Entscheidung eines einzelnen Mitgliedstaates in einem Raum ohne Binnengrenzen, Zugang zu seinem Territorium zu gewähren, konnte dann zwangsläufig Konsequenzen für alle anderen Mitgliedstaaten haben. Sollte am Anspruch der Steuerung von Zuwanderung – zumindest von Drittstaatsangehörigen – festgehalten werden, musste es Kompensationsmaßnahmen geben. Sie gingen in zwei Richtungen: eine stärkere Sicherung der Außengrenzen sowie eine Europäisierung des Asylrechts und eine intensivierte Kooperation zwischen den Mitgliedstaaten. Von Beginn an wurde ein unmittelbarer Zusammenhang des Wegfalls der Kontrollen an den Binnengrenzen und der Sicherung der Außengrenzen gesehen.

Es handelte sich um ein zentrales Feld, das in der Einheitlichen Europäischen Akte 1986 zum ersten Mal auf die europäische Ebene gehoben wurde. Durch den Vertrag von Maastricht 1992 wurde die Asylpolitik in die «dritte Säule» der Zusammenarbeit von Polizei und Justiz der Mitgliedstaaten integriert. Im Vertrag von Amsterdam 1997, konkretisiert im Haager Programm von 2004, wurde es der einzelstaatlichen Souveränität entzogen und dem Gemeinschaftsrecht unterworfen. Aufgrund dieser Gesetzgebungskompetenz konnten auf EU-Ebene verbindliche Rechtsakte erlassen werden. Humanitäre Aspekte gewannen auf diesem Weg eine stärkere Bedeutung. Es sollten die rechtlichen Rahmenbedingungen, der Status von Asylbewerbern, die Praxis von Asylverfahren sowie der Umgang mit und die Unterstützung von Herkunftsländern der Asylbewerber vereinheitlicht werden. EU-weit sollte unter den gleichen Bedingungen Schutz gewährt werden. Der Europäische Rat von Tampere hatte 1999 die mittelfristige Schaffung eines Gemeinsamen Europäischen Asylsystems beschlossen. Es sollte das Verfahren zur Bestimmung des Mitgliedstaates umfassen, der für das Asylverfahren zuständig ist, ein System zur solidarischen Lastenteilung sowie die Angleichung des Asylrechts. In einer ersten Stufe wurden bis 2005 Richtlinien verabschiedet, die Mindestnormen für die Asylverfahren in den Mitgliedstaaten formulierten (Aufnahmebedingungen-Richtlinie, Anerkennungs-Richtlinie und

Asylverfahrens-Richtlinie). Sie sind bis 2006 in Kraft getreten. In Deutschland sind sie im Jahr 2007 in nationales Recht umgesetzt worden.

Im Oktober 2008 wurde der *Europäische Pakt zu Einwanderung und Asyl* geschlossen. Im Dezember 2009 wurde das Stockholmer Programm verabschiedet, das das Haager Programm ablöste und die Agenda der Jahre 2010 bis 2014 zur Migrationspolitik formulierte. Schleppende Fortschritte waren auch auf das Einstimmigkeitsprinzip zurückzuführen, das nach dem Amsterdamer Vertrag galt. Mit dem Inkrafttreten des Vertrags von Lissabon (1. Dezember 2009) gilt auch für die Themenfelder Einwanderung und Asyl das Mehrheitsprinzip (mit Ausnahme der Arbeitsmigration). Das Europäische Parlament und der Europäische Rat sind seitdem in ordentlichen Gesetzgebungsverfahren zentrale Akteure. Der Europäische Gerichtshof (EuGH) erlangte volle Zuständigkeit. Die institutionelle Struktur hatte sich damit innerhalb zweier Jahrzehnte grundlegend verändert.

Im Vertrag von Lissabon wurde der (ursprünglich im Vertrag von Amsterdam postulierte) Anspruch, einen «Raum der Freiheit, der Sicherheit und des Rechts» zu bilden, zu einem vorrangigen Integrationsziel. Die Grundlage für die konkreten Umsetzungsschritte bildet der Vertrag über die Arbeitsweise der EU (AEUV). Im Juni 2013 wurde vom Rat der Justiz- und Innenminister und vom Europäischen Parlament ein Paket von zwei Verordnungen und zwei Richtlinien verabschiedet. Damit sollen Standards und Verfahren weiter vereinheitlicht sowie einheitliche Normen für die Anerkennung als Flüchtling vorgegeben sowie die Zusammenarbeit gestärkt werden. Dies stellt die zweite Stufe des GEAS dar.

Die Europäisierung der Asyl- und Migrationspolitik seit den 1990er Jahren hat zu einer erheblichen Regelungsdichte geführt. Die Bedingungen, zu denen Asyl gewährt wird, die sozialen und die Gesundheitsleistungen wurden allerdings im Ergebnis nicht vereinheitlicht. Die einschlägigen Richtlinien ließen viele Ermessensspielräume für die nationalen Umsetzungen. Eine EU-weite Vereinheitlichung solcher Standards war von vornherein ausgeschlossen, da sich die sozio-ökonomischen Verhältnisse in den Mitgliedstaaten stark unterschieden und sich in den zurückliegenden Jahren weiter auseinanderentwickelt hatten – durch den Beitritt der postsozialistischen Transformationsstaaten und durch die Wirtschafts- und Finanzkrise mit ihren besonders starken Auswirkungen auf die südeuropäischen Staaten. Maßstab für die Leistungen für Unterbringung und Versorgung von Flüchtlingen sind die Standards für die Bevölkerung im jeweiligen Mitgliedstaat. Diese sind sehr unterschiedlich. Weiterwanderungen von Flüchtlingen in größerem Umfang vermeiden zu können, wie es politisch beabsichtigt war, war daher von Anfang an illusorisch.

Die Steuerungsmöglichkeiten der nationalen Gesetzgeber und der Rechtsprechung wurden durch die Vergemeinschaftung drastisch reduziert. «Nationales Recht wird zunehmend durch unionsrechtliche Vorgaben verdrängt oder überlagert.» (Berlit: Ausländerrecht, S. 327) Der EuGH hat – auch durch richterliche Rechtsfortbildung – erheblichen Einfluss auf die europäische Integration genommen. Das war und ist rechtspolitisch umstritten: Das Selbstverständnis als «Motor des Integrationsprozesses» entbehrt der demokratischen Legitimation. In der europäischen Asyl- und Flüchtlingspolitik hat sich der EuGH zu einem Schlüsselakteur entwickelt. Seine jüngere Rechtsprechung u. a. zu den Dublin-Verfahren und zur Reichweite der Normen internationalen Flüchtlingsschutzes waren Weichenstellungen für die Politik der EU. Der EuGH und der Europäische Menschenrechtsgerichtshof (EGMR) werden weiter an Bedeutung gewinnen. Diese doppelte gerichtliche Kontrolle ist ein Charakteristikum europäischer Asyl- und Flüchtlingspolitik.

Grenzregime

Das Vertrauen in den Willen und die Fähigkeit anderer Staaten, die gemeinsame Außengrenze wirkungsvoll zu kontrollieren und unerlaubte Grenzübertritte in größerer Dimension verhindern zu können, gehören zu den Grundlagen europäischer Politik. Darauf basieren auch die Abschaffung der Kontrollen an den Binnengrenzen und die Freizügigkeit für Unionsbürger. Nur so lange dieses Vertrauen gerechtfertigt ist, können die EU und ihre Mitgliedstaaten glaubwürdig am Postulat der Steuerung von Migration festhalten. Die EU hat sich in den zurückliegenden Jahren wie die klassischen Einwanderungsländer verhalten: Sie will darüber entscheiden, wer einreisen darf und wer nicht. Dazu dient die Politik des *Integrierten Grenzmanagements,* bei dem es um den Ausgleich von ökonomischen Interessen (Grenzen sollen den internationalen Handel nicht beeinträchtigen) und Sicherheitsinteressen geht. Die Politik der Grenzsicherung wird von mehreren Akteuren bestimmt: den Institutionen der EU (Kommission, Parlament, Rat), den Mitgliedstaaten (hier insbesondere den Staaten mit EU-Außengrenzen) sowie der EU-Agentur Frontex. Zentrale Tendenzen der Grenzpolitik sind die Technologisierung, Outsourcing und Privatisierung sowie die Exterritorialisierung und damit die Einbindung von Drittstaaten in das Grenzmanagement der EU. Die jüngere Rechtsprechung des EuGH und des EGMR haben klargestellt, dass die Normen des internationalen Flüchtlingsschutzes die Mitgliedstaaten und die Agentur Frontex auch dann binden, wenn sie außerhalb des EU-Territoriums tätig werden. Die EU bindet Drittstaaten über Rückübernahmeabkommen, Mobilitätspartnerschaften und die Nachbarschaftspolitik in ihre Zuwanderungspolitik ein, indem sie deren Staatsangehörigen Wege legaler Einwanderung eröffnet und von diesen Staaten Beiträge zur Verhinderung unerwünschter Zuwanderung fordert. Dabei entsteht das Problem des Umgangs mit Staaten, die die Menschenrechte von Flüchtlingen verletzen. Hier klafft eine Glaubwürdigkeitslücke zwischen den normativen Ansprüchen und dem realen politischen Handeln. Die Befestigungsanlagen und die intelligenteste Grenzsicherung haben allerdings die Wanderungsbewegungen der jüngeren Zeit nicht verhindern können.

Ausgangspunkt war zunächst die schrittweise Abschaffung der Kontrollen an den Binnengrenzen eines «Kerneuropa» aus Deutschland, Frankreich und den Benelux-Staaten im Schengen-Übereinkommen vom 14. Juni 1985. Die Grenzkontrollen wurden erst zehn Jahre später vollständig abgeschafft. Dieser

Zeitraum zwischen Vertragsschluss und Abschaffung der Grenzkontrollen macht deutlich, wie schwierig sich die Überwindung der Vorbehalte gegen eine solche Politik – vor allem mit Blick auf die innere Sicherheit – gestaltete.

Die teilnehmenden Staaten vereinbarten als Ausgleich für die Grenzkontrollen eine verstärkte Zusammenarbeit bei der Kontrolle der gemeinsamen Außengrenzen und bei der Bekämpfung grenzüberschreitender organisierter Kriminalität. Die Perspektive war also eindeutig auf die Vermeidung von Sicherheitsdefiziten gerichtet. Im Juni 1990 wurde «Schengen II», das Schengener Durchführungsübereinkommen (SDÜ), geschlossen. Es regelte die konkrete Umsetzung und die Zuständigkeiten der Vertragspartner bei Asylanträgen. Diese Regelung wurde allerdings 1990 durch das Dubliner Übereinkommen abgelöst. Mit dem SDÜ wurden das einheitliche Schengen-Visum geschaffen, das für alle Vertragsparteien gilt, sowie das Schengener Informationssystem (SIS), das der Ausschreibung von Personen und Sachen zur Fahndung dient. Rund 90 Prozent der Zugriffe dienen der Einreiseverweigerung für Ausländer aus Drittstaaten. Im April 2013 ging SIS II in Betrieb, es ermöglicht unter anderem die Eingabe biometrischer Daten.

Das SDÜ stand nur Mitgliedern der EG/EU offen, allerdings wurden Norwegen und Island im Jahr 2000, die Schweiz im Jahr 2004 und Liechtenstein 2011 assoziiert. Mit dem Amsterdamer Vertrag wurde der Schengen-Besitzstand 1997 in EU-Recht überführt. Alle Staaten, die der EU danach beitraten, mussten – und müssen – die Schengen-Regularien übernehmen. Für Dänemark, Großbritannien und Irland gelten Sonderregelungen. Zypern sowie Bulgarien und Rumänien – letztere gehören seit 2007 der EU an – wurde noch kein Beitritt zum Schengen-Raum ermöglicht. 22 der 27 EU-Mitgliedstaaten gehören zu den Anwender-Staaten des Schengen-Abkommens, außerdem Island, Norwegen, die Schweiz und Liechtenstein. Im April 2010 trat der Visa-Kodex in Kraft, damit wurden die Bestimmungen zum Schengen-Visum in europäisches Recht überführt.

Im Jahr 2006 wurde der Schengener Grenzkodex (SGK) erlassen. Darin werden unter anderem die Grenzkontrollen und die Einreisevoraussetzungen für Drittstaatsangehörige umfassend geregelt. Mit der Überführung in Unionsrecht wurden die Organe der EU zuständig (Parlament, EuGH), was eine stärkere rechtsstaatliche Einbindung und demokratische Kontrolle ermöglichte.

Im Jahr 2013 wurde der SGK novelliert und die Bedingungen einer Wiedereinführung von Grenzkontrollen definiert. In begründeten Ausnahmefällen und «nur als letztes Mittel innerhalb eines begrenzten Umfangs und eines befristeten Zeitraums auf der Grundlage objektiver Kriterien und einer auf Unionsebene zu überwachenden Bewertung der Notwendigkeit» dürfen danach die Mitgliedstaaten des Schengen-Raums befristet Grenzkontrollen wieder einführen (wenn es der Ministerrat auf Vorschlag der Kommission empfohlen hat). Das gilt sowohl im Fall einer «schwerwiegenden Bedrohung der öffentlichen Ordnung» als auch für Fälle, in denen einzelne Staaten ihren Grenzsicherungsaufgaben nicht mehr in erwartetem Maß nachkommen. Dafür wurde ein «Aussetzungsmechanismus» geschaffen. Dies geht zurück auf Konflikte zwischen Italien und Frankreich zum Umgang mit nordafrikanischen Flüchtlingen: Um eine Weiterwanderung von Italien aus zu verhindern, hatte die französische Regierung 2011 die Grenzübergänge zu Italien kurzfristig geschlossen und starke Polizeikontrollen eingesetzt. Danach kündigte Dänemark an, wieder Zollkontrollen an seinen Grenzen einzuführen. Die aktuellen Kontrollen an der deutsch-österreichischen Grenze entsprechen demnach auch der geltenden Rechtslage.

Der Wanderungsdruck auf Europa steigt seit den 1980er Jahren an. Die weitere Nachbarschaft der EU beherbergt rund 40 Prozent der weltweiten Flüchtlinge und der Binnenvertriebenen. Europas Grenzen sind schwer zu kontrollieren – das gilt für die 48 000 Kilometer langen «blauen Grenzen» ebenso wie für die über 14 000 Kilometer langen Landgrenzen. Verantwortlich für die Sicherung der Außengrenzen sind zunächst die jeweiligen Mitgliedstaaten selbst. Der SGK enthält die dafür verbindlichen Schutzstandards. Beitrittskandidaten erhalten für deren Umsetzung finanzielle, logistische und personelle Unterstützung. Sie müssen nachweisen, dass sie die Kriterien erfüllen, bevor sie dem Schengen-Raum beitreten können. Die Sicherung dieser Grenzen erfolgt zum einen durch sichtbare Grenzanlagen (Mauern, Stacheldrahtzäune), zum anderen durch «unsichtbare Grenzen», die sich vor allem auf Hochtechnologie aus dem militärischen Bereich stützen.

Der Bau von Grenzzäunen und Mauern hat auch nach dem Verschwinden des Eisernen Vorhangs und der Berliner Mauer Hochkonjunktur. 40 Mauern sind weltweit seit 1989 errichtet worden oder sind im Bau. In Europa sind Grenzanlagen, die unerlaubte Einreisen verhindern sollen und die Kontrolle des Zugangs ermöglichen sollen, an folgenden Orten zu finden: in den spanischen Exklaven Ceuta und Melilla in Nordafrika; im Norden Griechenlands an der Grenze zur Türkei auf einer Länge von 12,5 Kilometern; an den Grenzübergängen zu Russland und Weißrussland (dort haben die baltischen Staaten Zäune mit Bewegungssensoren errichtet); im Südosten Bulgariens an der Grenze zur Türkei (dort wurde eine drei Meter hohe Mauer mit einer Länge von 35 Kilometern errichtet, weitere 135 Kilometer sollen dazukommen).

In der gegenwärtigen Krise errichtet Ungarn «provisorische» Grenzanlagen zu Serbien, die eine Länge von 175 Kilometern erreichen sollen, sowie zu Kroatien. Slowenien errichtet an der Grenze zu Kroatien und Österreich an der Grenze zu Slowenien einen 3,7 Kilometer langen Zaun. Ende November 2015 haben mazedonische Soldaten begonnen, an der Grenze zu Griechenland einen Zaun zu errichten.

Den 2015 errichteten «provisorischen» Grenzen innerhalb Europas und den Sperranlagen der USA zu Mexiko wird immer wieder öffentliche Aufmerksamkeit zuteil. All diesen Bauwerken ist gemein, dass sie regelmäßig überwunden werden – solange keine Minen verlegt und kein «Schießbefehl» verhängt werden, wie das an der innerdeutschen Grenze jahrzehntelang der Fall war. Sie können allerdings die Kontrolle von Wanderungsbewegungen erleichtern, weil sie den Zugang auf einzelne Grenzübergänge kanalisieren. Ohne zusätzliche politische Maßnahmen wie Vereinbarungen mit den Herkunftsstaaten zur

Minderung der Wanderungsursachen und der Wanderungsanreize sind solche Anlagen allerdings nur sehr eingeschränkt wirksam.

Zu den Aufgaben der im Jahr 2005 gegründeten europäischen Grenzschutzagentur Frontex gehören die Koordination «operativer Maßnahmen» zur Grenzsicherung sowie die Unterstützung der zuständigen Mitgliedstaaten durch die Schulung von Grenzbeamten, die Erstellung von Risikoanalysen, der Informationsaustausch und die Mitwirkung bei (Sammel-)Rückführungen. Frontex will den Grenzschutz der Mitgliedstaaten durch Erkenntnisse der Wissenschaft und in Zusammenarbeit mit der einschlägigen Industrie stärken. Die Verantwortung für die Sicherung der Außengrenzen liegt allerdings unverändert bei den jeweiligen Staaten in eigener nationaler Souveränität. Die Agentur Frontex ist eine transnationale Verwaltungsagentur, keine europäische Grenzpolizei. Die Grenzschützer sind nationalem Recht unterstellt. Der Ausbau der Kapazitäten der Agentur erfolgte in den vergangenen Jahren kontinuierlich. Das Budget stieg von rund 19,2 Millionen Euro im Jahr 2006 auf 114 Millionen im Jahr 2015.

Der Status von Frontex als Agentur der EU ermöglicht es Regierungen der Mitgliedstaaten, Kritik an deren Vorgehen (und der Mitverantwortung dafür) auszuweichen durch den Hinweis, dass diejenigen Mitgliedstaaten verantwortlich seien, die zu der jeweiligen Operation Beamte entsandt haben. Die Agentur Frontex steht im Fokus einer kritischen Öffentlichkeit, dabei darf man allerdings nicht aus dem Blick verlieren, dass die jeweiligen Mitgliedstaaten mit Außengrenzen weiterhin eine zentrale und eigenständige Rolle spielen.

Soforteinsatzteams für Grenzsicherungszwecke (Rapid Border Intervention Teams: RABIT) werden eingesetzt, «wenn ein Mitgliedstaat sich einem massiven Zustrom von Drittstaatsangehörigen gegenübersieht, die versuchen, illegal in sein Hoheitsgebiet einzureisen, was unverzügliches Handeln erfordert» (Verordnung[EG] Nr. 863/2007, Erwägungsgrund Nr. 7). Auch bei Frontex-Operationen sind Personen auf Drittstaatsterritorium (meist auf See) an der Flucht und damit auch am Stellen von Asylanträgen gehindert worden (Push-back-Operationen). Im Zentrum steht dabei die Frage nach dem Verbot von Kollektivausweisungen und der Bindung durch das Non-Refoulement-Prinzip für staatliche Akteure auch außerhalb des EU-Territoriums. Dieses *Nichtzurückweisungsprinzip* ist in der Genfer Flüchtlingskonvention verankert. Art. 33 sieht das Verbot vor, einen Flüchtling «auf irgendeine Weise über die Grenzen von Gebieten auszuweisen oder zurückzuweisen, in denen sein Leben oder seine Freiheit wegen seiner Rasse, Religion, Staatsangehörigkeit, seiner Zugehörigkeit zu einer bestimmten sozialen Gruppe oder wegen seiner politischen Überzeugung bedroht sein würde».

Von Abgeordneten des EU-Parlaments werden die begrenzten Kontrollmöglichkeiten kritisiert. Zwar könne man den Haushalt blockieren, aber eine Kontrolle der Einsätze sei unmöglich. Der Verwaltungsrat von Frontex besteht ausschließlich aus Vertretern der Mitgliedstaaten und der Kommission. Eine wirkungsvolle parlamentarische Kontrolle könnte dazu beitragen, stärkere Transparenz herzustellen und mehr Übereinstimmung des operativen Handelns mit den grundlegenden Normen des Menschenrechtsschutzes zu erzielen. Im Oktober 2011 novellierten Rat und Parlament die Frontex-Gründungsverordnung. Eingefügt wurde u. a. ausdrücklich die Verpflichtung auf die Grundrechte-Charta, die GFK und den Grundsatz der Nichtzurückweisung. Frontex war allerdings zweifelsfrei auch ohne diese Verpflichtungen an die GFK und die EMRK sowie weitere internationale Normen gebunden. Die Einhaltung der geänderten Frontex-Verordnung, insbesondere der Grundrechtsstrategie (Art. 26 a), soll durch den Grundrechtsbeauftragten (Art. 26 a, 3) abgesichert werden. Dazu müssen die Kompetenzen des Beauftragten gestärkt werden. Unzweifelhaft stehen alle Mitgliedstaaten und die EU als Ganze in der Verantwortung für die Verfahren an den Außengrenzen. Die Europäische Union als «Raum der Freiheit, der Sicherheit und des Rechts» muss sich an ihren eigenen Maßstäben messen lassen.

«Intelligente Grenzen»

Drei IT-Großsysteme stehen der EU zur Migrationskontrolle zur Verfügung: Eurodac (für Asylangelegenheiten), das Visa-Informationssystem VIS (für Visa-Anträge), das Schengener Informationssystem SIS (für Personen und Gegenstände, für die im Schengen-Raum Warnmeldungen ausgegeben wurden). Das Programm der Europäischen Kommission «Intelligente Grenzen» («smart borders») soll eine neue Phase einläuten: Es sieht die Errichtung eines Einreise-/Ausreisesystems (EES) zur Erfassung der Ein- und Ausreisedaten aller Drittstaatsangehörigen an den Außengrenzen der Mitgliedstaaten der Europäischen Union sowie eines Registrierungsprogramms für Reisende (RTP) vor. Frontex schätzt die Zahl der Einreisen von Drittstaatsangehörigen auf 123 Millionen im Jahr 2014. Im Rahmen des EES sollen mittels neuester Technologien alle Reisedaten und personenbezogenen Daten erfasst werden, auf die Behörden der EU und der Mitgliedstaaten Zugriff haben. Hiermit soll es gelingen, «Visa-Overstayer» zu identifizieren, also Personen, die nach Ablauf ihres Visums unerlaubt im Zielland verbleiben. Verschärfte Kontrollen sollen im Rahmen des RTP einhergehen mit Erleichterungen (geringeren Wartezeiten) für legal und häufig Einreisende, insbesondere Geschäftsreisende und Touristen. Voraussetzung dafür ist, dass sie sich biometrisch registrieren lassen. Die Kosten werden auf Größenordnungen zwischen 163 und 214 Millionen Euro geschätzt, für die Einrichtung kämen noch zwischen 206 und 214 Euro hinzu (Baumann: Frontex, S. 10).

Die Pläne der EU, die Grenzen mittels modernster Überwachungstechnik flächendeckend zu kontrollieren, gehen allerdings weiter: Zu den von der EU geförderten Forschungsvorhaben für mehr Sicherheit (Gesamtwert 1,4 Milliarden Euro) gehören zahlreiche integrierte intelligente Systeme, die die konventionellen Kräfte (Flugzeuge, Schiffe) ergänzen und entlasten und – vor allem – rund um die Uhr und wetterunabhängig im Einsatz sein sollen. Es handelt sich um Hochtechnologie-Projekte, die häufig bereits im militärischen Bereich oder zur

Luftsicherheit angewendet oder dafür entwickelt werden. Neben radarbasierten 3-D-Luftüberwachungssystemen sollen unter anderem Roboter, Überwachungsplattformen auf hoher See sowie unbemannte Luft- und Bodenfahrzeuge entwickelt werden.

Im Oktober 2013 wurde die Einrichtung eines Europäischen Grenzüberwachungssystems (Eurosur) beschlossen, das im Dezember 2013 in Betrieb gegangen ist. Eurosur soll den Informationsaustausch zwischen den Schengen-Mitgliedstaaten und Frontex intensivieren, indem Daten aus der Satellitenüberwachung in Echtzeit ausgetauscht werden können. Dafür sollen vorhandene nationale Grenzüberwachungssysteme der Schengen-Mitgliedstaaten integriert werden. In Deutschland ist die Bundespolizei angeschlossen. Beteiligt sind das Europäische Unterstützungsbüro für Asylfragen (EASO), Europol, das EU-Satellitenzentrum und die Europäische Agentur für die Sicherheit des Seeverkehrs, koordiniert von Frontex. Eurosur bildet damit einen wichtigen Bestandteil einer hochtechnisierten Grenzüberwachung, mit der die Migration eingehender kontrolliert werden soll. Ziel ist auch, die Todesrate illegaler Einwanderer durch Rettung von mehr Menschenleben auf See zu senken. Die Kosten werden von der Kommission auf rund 338 Millionen Euro geschätzt.

Allen Projekten ist gemein, Daten in großen Mengen zu erzeugen, zu sammeln und in einem großen Überwachungsverbund zu verknüpfen und für die Grenzsicherung (Frontex) nutzbar zu machen. Sollte es zu einer vollständigen Überwachung der EU-Außengrenzen kommen (was unwahrscheinlich ist), bliebe die entscheidende Frage weiterhin unbeantwortet: Wie wird mit den Zuflucht Suchenden umgegangen? Sollen die unbemannten Fahrzeuge und Roboter unter Umständen bewaffnet sein? Sollen die «Eindringlinge» auf direktem Weg zurückgeführt werden oder erhalten sie die Möglichkeit, ein rechtsstaatliches Verfahren zu durchlaufen?

Visa-Politik

Zuständig für die Visa-Politik (hinsichtlich der Erteilung von Schengen-Visa) ist die EU (Vertragsstaaten, Verfahren, Gebühren). Sie verfügt damit über ein wichtiges Instrument der Zuwanderungssteuerung. Mit Drittstaaten können Visa-Erleichterungen sowie die Aufhebung der Visa-Pflicht vertraglich geregelt werden. Dabei werden auch Rückübernahmeabkommen mitverhandelt. Die Zahl der Staatsangehörigen von Drittstaaten, die kein Visum für die Einreise in den Schengen-Raum benötigt, beläuft sich inzwischen auf rund eine Milliarde Personen aus 40 Staaten, unter anderem Australien, Kanada, Japan, Neuseeland und die USA. Angehörige von rund 100 Staaten (etwa 80% der Weltbevölkerung ohne EU-Bürger) unterliegen noch der Visumpflicht.

Auf Druck Deutschlands hatte das Europäische Parlament im September 2013 eine «Aussetzungsklausel» der Visumsverordnung beschlossen, wonach die Visumfreiheit für jene Länder ausgesetzt werden kann, aus denen heraus überdurchschnittlich viele unbegründete Asylanträge gestellt werden. Die Visaliberalisierung für die westlichen Balkanstaaten bildete den konkreten Anlass. Für die ehemalige jugoslawische Republik Mazedonien, Montenegro und Serbien war die Visumpflicht Ende 2009 aufgehoben worden, für Albanien sowie Bosnien und Herzegowina ein Jahr später. Die meisten Anträge waren seitdem in Deutschland gestellt worden – mit sehr geringer Schutzquote.

Im Jahr 2013 wurden laut Frontex 16,2 Millionen Kurzzeit-Visa von Schengen-Staaten ausgestellt, davon 61 Prozent in drei Staaten: Russische Föderation (43% aller Visa), Ukraine und China (jeweils 9%). Ein Teil jener Drittstaatsangehörigen, die mit Hilfe dieser Visa in den Schengen-Raum einreisen, kommen nach Ablauf ihres Visums (drei Monate maximale Aufenthaltsdauer) ihrer Ausreisepflicht nicht nach, womit ihr Aufenthalt illegal wird. Nach Angaben von Eurostat wurden im Jahr 2013 rund 429 000 Drittstaatsangehörige aufgegriffen, die sich irregulär in der EU aufhielten. Der Migrationskanal Visumspolitik ist von erheblicher Bedeutung, aber nur schwer zu kontrollieren.

Der Zielkonflikt zwischen Reisefreiheit und der Vermeidung irregulären Aufenthalts ist in den zurückliegenden Jahren durch die Kommission zugunsten der Reisefreiheit entschieden worden. Das Ziel der Visafreiheit für türkische Staatsangehörige hat die Kommission bei der Unterzeichnung des Rückübernahmeabkommens mit der Türkei im Dezember 2013 festgeschrieben und einen «Fahrplan» dazu aufgestellt. Bei den Gesprächen zum Umgang mit Syrienflüchtlingen aus der Türkei ist dieses Thema wieder Gegenstand der Verhandlungen. Die Kommission unterstützt die türkische Regierung dabei, die rechtlichen und verwaltungstechnischen Bedingungen zu erfüllen. Bei dem Sondertreffen der EU und der Türkei am 29. November 2015 wurde vereinbart, die Visafreiheit bis Oktober 2016 einzuräumen. Vor dem Hintergrund der innertürkischen, gewalttätig ausgetragenen Konflikte, sind in der Folge erhebliche zusätzliche Wanderungsbewegungen in Richtung EU zu erwarten. Da der größte Teil der türkischstämmigen Bevölkerung innerhalb der EU in Deutschland lebt, wird es auch hier zum Hauptzielland werden.

Ein weiterer wesentlicher Bestandteil europäischer Grenzpolitik ist die Zusammenarbeit mit Herkunfts- und Transitländern und die Verlagerung von Grenzkontrollen in Drittstaaten (Exterritorialisierung). Zu den Instrumenten, die innerhalb der EU eingesetzt werden, gehören: der Abschluss von Rückübernahmeabkommen, die verstärkte Zusammenarbeit mit Herkunfts- und Transitländern, Anreize zur freiwilligen Rückkehr, eine verstärkte Kooperation der Mitgliedstaaten mit Außengrenzen bei der Grenzsicherung sowie die Schaffung gemeinsamer Fonds, mit deren Mitteln die Mitgliedstaaten die Kapazitäten ihrer Grenzsicherung erhöhen können.

Die Richtlinie des Europäischen Parlaments und des Rates über «gemeinsame Normen und Verfahren in den Mitgliedstaaten zur Rückführung illegal aufhältiger Drittstaatsangehöriger» wurde im Oktober 2008 erlassen. Mit ihr soll die Rückführungspolitik der Mitgliedstaaten vereinheitlicht werden. Sie regelt das gesamte Verfahren des Umgangs mit Zuwanderern, die sich illegal im Hoheitsgebiet eines Mitgliedstaates aufhalten, und machte Änderungen im deutschen Aufenthaltsgesetz nötig.

Im Oktober 2015 veröffentlichte die Kommission ein «Rückkehr-Handbuch», das Leitlinien und Empfehlungen enthält, die sicherstellen sollen, dass die gemeinsamen Normen und Verfahren von den zuständigen Behörden in den Mitgliedstaaten einheitlich angewendet werden.

Sowohl die Mitgliedstaaten als auch die EU selbst haben Rückübernahmeabkommen geschlossen. Zentral ist dabei für die potentiellen Vertragspartner, dass von Seiten der EU (aber auch von Mitgliedstaaten bei bilateralen Abkommen) gefordert wird, dass sie nicht nur die eigenen Staatsangehörigen wieder aufnehmen, sondern auch jene, die über ihr Land als Transitland in die EU ausgereist sind. Dazu sind aber in etlichen Ländern keine ausreichenden Kapazitäten vorhanden. Die Evaluation dieser Abkommen, die die Kommission im Jahr 2011 vorlegte, fiel sehr verhalten aus. Es gibt etliche Probleme bei den Verfahren. Verlässliche Zahlen, wie viele Rückführungen auf der Grundlage der Rückübernahmeabkommen der EU es tatsächlich gegeben hat, liegen nur eingeschränkt vor. Die Verhandlungen gestalteten sich langwierig und schwierig – nicht zuletzt deshalb, weil die Verhandlungspartner von der EU Entgegenkommen vor allem in der Visa-Politik und bei Finanzhilfen forderten, wozu die EU nicht bereit war.

Mit Hilfe von gemeinsamen Fonds sollen für betroffene Mitgliedstaaten finanzielle Mittel zur Verfügung gestellt werden. Das «Rahmenprogramm für Solidarität und die Steuerung der Migrationsströme» umfasst den Außengrenzenfonds (zum Integrierten Grenzmanagement), den Europäischen Flüchtlingsfonds (zur Asylpolitik und zur Neuansiedlung), den Europäischen Integrationsfonds (zur Partizipation von Drittstaatsangehörigen) sowie den Europäischen Rückkehrfonds (zur Rückkehr von Drittstaatsangehörigen).

Der Europäische Rückkehrfonds wurde für die Zeit von 2008 bis 2013 mit insgesamt 676 Millionen Euro angelegt. Die Mittel sollen die Mitgliedstaaten bei der Verbesserung des «Rückkehrmanagements» unterstützen. Der Europäische Außengrenzenfonds wurde mit einer Gesamtsumme von 1,82 Milliarden Euro für den Zeitraum von 2007 bis 2013 ausgestattet. Im Jahr 2013 haben sich die Mitgliedstaaten auf einen Asyl-, Migrations- und Integrationsfonds (AMIF) verständigt (mit einem Budget von 3,14 Mrd. Euro und einer Laufzeit von 2014 bis 2020). Er deckt die Felder des bisherigen Rückkehr-, Flüchtlings- und Integrationsfonds ab. Die Umverteilungseffekte bleiben allerdings unterhalb der tatsächlichen Kosten, die Staaten mit hohem Flüchtlingszugang entstehen.

Aufgaben der Grenzkontrolle werden zunehmend privaten Akteuren übertragen – vor allem Transport- und Beförderungsunternehmen. Auf staatlicher Ebene findet die Zusammenarbeit sowohl bilateral statt (zwischen Mitgliedstaaten und benachbarten Drittstaaten) als auch zwischen EU und Drittstaaten. Der Europäische Rat legte 2010 einen Schwerpunkt auf die Förderung der Zusammenarbeit bei der Grenzüberwachung mit benachbarten Drittländern und verkündete: «Entscheidend ist, dass [...] diejenigen Drittländer, deren Zusammenarbeit bedeutend dazu beitragen kann, Ströme illegaler Einwanderer zu kontrollieren, finanzielle und logistische Unterstützung der Europäischen Union und ihrer Mitgliedstaaten erhalten, damit sie besser in der Lage sind, ihre eigenen Grenzen zu überwachen»(Rat der EU, Dokument Nr. 6975/10).

Über finanzielle Anreize hinaus will die EU ihre politische und ökonomische Macht einsetzen, um die Nachbarstaaten zur Kooperation und letztlich zu einer effizienteren Grenzsicherung zu bewegen. Konkret bedeutet das unter anderem, dass die Erleichterungen legaler Einreise (u. a. Visa-Erleichterungen) in die EU nur gewährt werden, wenn die Staaten im Gegenzug beim Grenzschutz und bei der Rückübernahme kooperieren. Hierzu dienen auch die «Mobilitätspartnerschaften» mit Entwicklungs- und Schwellenländern. Mit diesem 2005 im Rahmen des «Gesamtansatzes zur Migrationsfrage» entwickelten Instrument sollen legale Wanderungsmöglichkeiten eröffnet, die Aufnahmeländer mit qualifizierten Migranten versorgt, die Herkunftsländer unterstützt und veranlasst werden, eine wirkungsvolle Grenzsicherung zu betreiben.

Die Außenpolitik wird hier zum Druckmittel, um mehr Kontrolle der Migration zu erreichen. Mobilitätspartnerschaften haben bisher keine große Bedeutung erlangt. Die meisten Mitgliedstaaten, die sich an solchen Vereinbarungen beteiligen, leisten keinen finanziellen Beitrag dazu. Übereinkommen wurden bislang mit Moldawien, Kap Verde, Georgien, Armenien, Marokko, Aserbaidschan und Tunesien geschlossen. Ein Defizit besteht darin, dass die EU in den Verhandlungen wenig bietet, aber viel verlangt (vor allem bei der Migrationsverhinderung).

Vorwiegend nordafrikanische Staaten wurden und werden von der EU und ihren Mitgliedstaaten als Pufferstaaten genutzt. Sie sollten vorverlagerte Grenzkontrollen ermöglichen und wurden deshalb beim Ausbau eines wirkungsvollen «Grenzschutzes» unterstützt (finanziell und durch entsprechende Beratung). Durch «Ausreiseverhinderung» sollen sie den Wanderungsdruck auf die EU reduzieren – eine Politik, die vor allem von Spanien und Italien verfolgt wurde. Durch Abkommen mit den wichtigsten Transitländern (Mauretanien, Marokko, Senegal) machte sich Spanien weitgehend unerreichbar für Flüchtlinge. Diese Länder hinderten Flüchtlingsboote am Ablegen. Durch den Zerfall Libyens hat diese Politik stark an Wirksamkeit eingebüßt. In diesem Zusammenhang wird auch das Bild «konzentrischer Kreise» genutzt – der Schengen-Raum als der Kern, darum Nachbarstaaten und weiter entfernte Staaten gruppiert. Sie üben verschiedene Schutz- und Filterfunktionen aus, die die Freizügigkeit im Kernbereich ermöglichen.

Exterritorialisierung

Exterritoriale Grenzkontrollinstrumente umfassen die Prüfung der Zugangsberechtigung vor Antritt der Reise (Visa-Erteilung in diplomatischen Vertretungen), die Prüfung von Visa durch Verbindungsbeamte und Dokumentenberater im Herkunftsland sowie die Überprüfung von Reiseberechtigungen durch Dritte (Fluggesellschaften, Drittstaaten oder internationale Organisationen). Der Aufbau von Grenzkontrolleinrichtungen und eines effektiven «Grenzmanagements» (wesentlich finanziert und unterstützt durch die EU und deren Mitgliedstaaten) gehören ebenfalls zu diesem Feld.

Seit Beginn des 21. Jahrhunderts setzt die EU auf «regionale Schutzprogramme» (Haager Programm von 2004) und damit auf die territoriale Abkopplung des Flüchtlingsschutzes. Diese Politik geht auch zurück auf Vorschläge des damaligen britischen Premierministers Tony Blair, «Flüchtlingsreservate» in den Herkunfts- oder Transitländern zu errichten. Sie sollten beim Aufbau von Kapazitäten zum Schutz von Flüchtlingen unterstützt werden. Dabei sollten die Normen des internationalen Flüchtlingsschutzes eingehalten und der UNHCR bei der Realisierung seiner drei Ziele – Rückkehr, Integration in die Erstaufnahmeländer, Neuansiedlung – unterstützt werden. Programme wurden für Osteuropa als Transitregion, für Ostafrika, am Horn von Afrika und in Nordafrika geschaffen. 2013 wurde ein Programm im Mittleren Osten aus Anlass des Bürgerkriegs in Syrien umgesetzt.

Die Einbindung von Nachbarstaaten in die Grenzkontrollpolitik trug auch dazu bei, dass die Reisefreiheit innerhalb Afrikas zunehmend eingeschränkt wurde. Zahlreiche afrikanische Staaten hindern Flüchtlinge an der Ausreise, fangen sie bereits am Abreiseort oder vor den Küsten ab. Marokko baute seine Grenzanlagen mittels Hochtechnologie massiv aus. Zudem wurden in Nord- und Westafrika Lager geschaffen, in denen Ausreisewillige interniert wurden. Die Gefangenenlager in Libyen genießen einen besonders schlechten Ruf: Folter, Vergewaltigung, Zwangsarbeit und Erpressung sind an der Tagesordnung. Das Gefangenenlager im Südwesten Libyens, in Sabha, wurde vom italienischen Staatsanwalt Maurizio Scalia als «Konzentrationslager» bezeichnet.

An den Außengrenzen sind die Staaten sowie die europäische Grenzschutzagentur Frontex mit «gemischten Migrationsströmen» konfrontiert. Es handelt sich um Kriegs- und andere Flüchtlinge, politisch Verfolgte, Migranten auf der Suche nach wirtschaftlichen Perspektiven etc. Sie haben entweder Ansprüche auf einen Schutzstatus, können einen anderen Migrationskanal nutzen oder müssten – wenn beides nicht zutrifft – wieder zurückkehren. Die Herausforderung besteht darin, den unterschiedlichen Gruppen gerecht zu werden. Pauschal von «illegaler Zuwanderung» zu sprechen – wie es in Frontex-Dokumenten geschieht – ist nicht gerechtfertigt. Unabhängig davon, ob die Migranten über Reisedokumente verfügen oder ob sie die Dienstleistung von Schleusern in Anspruch genommen haben, muss sichergestellt werden, dass jene, die Anspruch auf Schutz haben, diesen dann auch tatsächlich erhalten. Dies war mit den Push-back-Operationen und mit den Ausreiseverhinderungsmaßnahmen nicht gewährleistet.

Die Auslagerung der Einreisekontrollen auf Territorien außerhalb des eigenen Staatsgebiets wurde in den 1990er Jahren zunächst für die USA analysiert. Auch die EU setzt auf die «Externalisierung» der Grenzkontrollen. Dabei geht es auch darum, die staatlichen Kosten zu senken und die Einreise «erwünschter» Reisender zu beschleunigen. Die Bekämpfung irregulärer Einreise findet zum Teil außerhalb des Gebiets der EU statt, entweder auf See oder auf dem Gebiet von Drittstaaten und in Zusammenarbeit mit diesen. Diese Staaten haben allerdings in vielen Fällen weder die EMRK noch die GFK ratifiziert. Den Migranten wird auf diese Weise der Zugang zum EU-Territorium und damit die Möglichkeit eines Verfahrens zur Erlangung von Asyl- oder Flüchtlingsschutz verweigert. Das politische Kalkül besteht darin, außerhalb des eigenen bzw. des EU-Territoriums nicht den Normen des internationalen Flüchtlingsschutzes unterworfen zu sein. Artikel 14 der Allgemeinen Erklärung der Menschenrechte («Jeder hat das Recht, in anderen Ländern vor Verfolgung Asyl zu suchen und zu genießen») läuft damit ins Leere.

Libyen ist seit langem wichtiges Ziel und Transitland von Migranten – mit einer 4000 Kilometer langen Südgrenze. Der italienische Regierungschef Silvio Berlusconi und der libysche Herrscher Muammar al-Gaddafi hatten 2008 einen Vertrag über Freundschaft, Partnerschaft und Kooperation geschlossen. Er bildete die Grundlage für gemeinsame Küstenpatrouillen und Push-back-Operationen auf See, bei denen Flüchtlinge direkt nach Libyen zurückgeführt wurden, ohne Überprüfung, ob sie Anspruch auf Flüchtlingsschutz hatten. Der EGMR verurteilte dieses Vorgehen als Verletzung der EMRK und sprach den Beschwerdeführern Entschädigungen zu. Im Februar 2010 forderte der Europäische Rat die Kommission auf, zu prüfen, ob die Zusammenarbeit mit Libyen auf allen Gebieten des Migrationsmanagements wieder aufgenommen werden solle. Gaddafi – der auch über enge Beziehungen zu dem damaligen französischen Staatspräsidenten Nicolas Sarkozy verfügte und verdächtigt wird, er habe Sarkozy eine Wahlkampfspende von 50 Millionen Euro zukommen lassen – war sich seiner Rolle bewusst und prognostizierte sehr präzise die Konsequenzen, die sein Sturz haben würde: «Ihr sollt mich recht verstehen. Wenn ihr mich bedrängt und destabilisieren wollt, werdet ihr Verwirrung stiften, Bin Laden in die Hände spielen und bewaffnete Rebellenhaufen begünstigen. Folgendes wird sich ereignen. Ihr werdet von einer Immigrationswelle aus Afrika überschwemmt werden, die von Libyen aus nach Europa überschwappt. Es wird niemand mehr da sein, um sie aufzuhalten.» (Interview im «Journal du Dimanche» vom 5.3.2011)

Libyen hatte die GFK nicht unterzeichnet. Im Juni 2010 veranlasste das Regime den UNHCR, sein Büro in Tripolis zu schließen. Im Laufe des «Arabischen Frühlings» und der Aufstände in den Jahren 2010/11 brachen die staatlichen Strukturen Libyens sowie die Grenzkontrollen am südlichen Mittelmeer zusammen. Die Zahl der Flüchtlinge stieg stark an (wobei aber der größte Teil der Flüchtlinge aus Libyen innerhalb Afrikas verblieb): Im Januar/Februar 2011 hatten allein rund 110 000 Flüchtlinge die tunesische und ägyptische Grenze überschritten. Am 23. März 2011 bezifferte der UNHCR die Zahl der Flüchtlinge aus Libyen auf insgesamt rund 351 700, wovon 178 300 Personen die Grenze nach Tunesien überschritten, 147 300 nach Ägypten, 12 000 nach Niger und 9200 nach Algerien.

Die Regierung Berlusconi nutzte die Gelegenheit, sich innenpolitisch als Retter im «Immigrationsnotstand» vor der Bedrohung durch den «menschlichen Tsunami» zu profilieren und die europäischen Partner und Institutionen unter Druck zu setzen. Rund 63 000 Flüchtlinge sollen nach Angaben des italienischen Innenministeriums im Jahr 2011 an den Küsten Italiens gestrandet sein – rund 58 000 davon auf Lampedusa. Gleichzeitig trug die italienische Regierung durch ihr Handeln (sie schloss das Flüchtlingslager auf Lampedusa) sowie ihr Unterlassen (einer angemessenen Vorbereitung auf zu erwartende Flüchtlinge) tatkräftig zur Entstehung eines humanitären Notstands bei, der auch als Abschreckung für potentielle künftige Flüchtlinge wirken sollte. Das Verhalten der italienischen Regierung und der Behörden 2011 ist von der Parlamentarischen Versammlung des Europarats am 23. Januar 2013 massiv kritisiert worden: Das Verhalten gegenüber der irregulären Migration schwanke zwischen harter Bekämpfung und Laissez-faire. Es gebe zu wenige Unterkünfte und die Unterbringung in Lagern entspreche nicht den Mindeststandards. Die Vorgänge des Jahres 2013 an den italienischen Küsten hätten zudem gezeigt, dass keine angemessenen Konsequenzen aus dem Versagen von 2011 gezogen worden seien.

Bis zum 5. April 2011 erteilten die italienischen Behörden den Flüchtlingen humanitäre Visa (rund 18 000), die ihnen die Weiterreise in andere Schengen-Staaten ermöglichten, und brachten sie in Lagern in der Nähe der französischen Grenze unter. Danach wurden sie auf der Grundlage einer Rückübernahmevereinbarung direkt und ohne Anhörung nach Tunesien zurückgebracht. Diese Ereignisse machen deutlich, wie unsicher der Status von Flüchtlingen ist, die nach Europa gelangen (wollen).

Mit dem Sturz und Tod Gaddafis 2011 war ein zentraler Kooperationspartner weggefallen. Die EU versuchte zu retten, was zu retten war, und übernahm die Verantwortung für die Restrukturierung des Grenzschutzes in Libyen. Italien, die EU-Kommission und Frontex setzten die Zusammenarbeit mit Libyen fort. Allerdings ließ sich zunächst nur der repressive Teil realisieren, bei den humanitären Komponenten verweigerte Libyen die Zusammenarbeit. In Libyen sind zudem weiterhin erhebliche Defizite hinsichtlich grundlegender rechtsstaatlicher und menschenrechtlicher Normen festzustellen.

«Angesichts der sehr instabilen Sicherheitslage und politischen Lage sowie der beschränkten institutionellen und administrativen Kapazitäten ist Libyen derzeit nicht in der Lage, den

Tätigkeiten der Schleuser und Menschenhändler etwas entgegenzusetzen. Daher ist es das wichtigste Transit- und Ausgangsland der gemischten Migrationsströme im zentralen Mittelmeer», stellt die «Taskforce Mittelmeer» fest, die von der EU im Herbst 2013 eingesetzt worden war. 2014 und 2015 eskalierte die Lage in Libyen weiter. Inzwischen versorgt sich die Terrormiliz «Islamischer Staat» in dem weiter zerfallenden Land mit Waffen und den Einnahmen aus der Erdölproduktion und destabilisiert die nordafrikanischen Nachbarn.

Nicht die Einreiseverhinderung, sondern die Prüfung von Schutzansprüchen muss handlungsleitend für die Grenzpolitik der EU und ihrer Mitgliedstaaten sein. Es muss, so die Mitteilung der Europäischen Kommission über die Arbeit der Mittelmeer-Taskforce am 4. Dezember 2013, Drittstaaten «geholfen werden, sicherzustellen, dass ihre Migrations- und Asylsysteme den internationalen Menschenrechtsstandards entsprechen». Die Zusammenarbeit mit Drittstaaten, die die Menschenrechte von Flüchtlingen verletzen, muss überprüft und öffentlich stärker thematisiert werden. Die enge Kooperation zahlreicher EU-Mitgliedstaaten mit den Despoten hatte dazu geführt, dass die EU zur Stütze dieser Regime geworden war und sich von ihnen abhängig gemacht hatte.

Nach dem Schiffsunglück mit mehr als 350 Toten vor Lampedusa im Oktober 2013 rief die italienische Regierung die Seenotrettungsoperation «Mare Nostrum» ins Leben – in italienischen und in internationalen Gewässern. Nach einem Jahr Dauer wurde sie im Oktober 2014 eingestellt. Die Europäische Kommission und Italien hatten sich nicht auf eine dauerhafte finanzielle Beteiligung an den Kosten von rund zehn Millionen Euro monatlich einigen können. Auf die Bedingung, die Regeln des Dublin-Verfahrens wieder zu praktizieren, ließ sich die italienische Regierung nicht ein. Nach ihren Angaben rettete die Marine im Rahmen dieser Aktion 152 000 Menschen. Unter Führung von Frontex startete die EU im November 2014 die Operation Triton, die wesentlich schlechter ausgestattet war als Mare Nostrum und das primäre Ziel der Grenzsicherung und der Verhinderung der illegalen Einreise hatte. Nach dem Unglück vor der libyschen Küste mit 800 Toten im April 2015 wurden sowohl der Einsatzraum als auch die finanziellen Mittel aufgestockt. In der politischen Debatte wurde der Vorwurf erhoben, insbesondere Mare Nostrum habe das Geschäft der Schleuser erleichtert. Diese hätten ihre Boote nur noch in internationale Gewässer bringen müssen und dann damit rechnen können, dass die Flüchtlinge durch die italienische Marine nach Italien gebracht werden würden.

Scheitern des Dublin-Verfahrens

Das «Dublin-System» steht von Beginn an im Fokus der Kritik. Es sei staatsfixiert und berücksichtige grundlegende Interessen der Flüchtlinge nicht. Durch die Entscheidung von Bundeskanzlerin Angela Merkel vom 5. September 2015, die Grenzen Deutschlands für die Flüchtlinge aus Ungarn zu öffnen, ist das Dublin-Verfahren in weiten Teilen faktisch ausgesetzt. Die Folgen sind genau jene, die auch vorhergesagt wurden: Eine Einwanderungskontrolle findet nicht mehr statt, einzelne Staaten – an erster Stelle die Bundesrepublik Deutschland – sind erheblichen Flüchtlingszugängen ausgesetzt.

Im Dublin-Verfahren geht es um die Kriterien und Verfahren zur Bestimmung des Mitgliedstaates, der für die Prüfung eines von einem Drittstaatsangehörigen in einem Mitgliedstaat gestellten Asylantrags zuständig ist. Es handelt sich ausdrücklich nicht um einen Mechanismus zur «gerechten» Verteilung von Antragstellern unter den Dublin-Vertragsstaaten. Das Prinzip des Dublin-Verfahrens besteht darin, dass nicht dem Asylbewerber ein Recht auf die Auswahl eines bestimmten europäischen Asylstaates zugestanden wird, sondern dass Regeln entwickelt wurden, nach denen jeweils *ein Staat* zuständig für das Asylverfahren ist. Wird ein Asylsuchender anerkannt, muss er sich fünf Jahre in diesem Mitgliedstaat aufhalten, bevor die Freizügigkeitsregeln greifen. Ein Auswahlrecht eines Flüchtlings besteht nur, soweit er Einfluss auf die Wahl des Ersteinreisestaates nimmt (oder nehmen kann).

Die Regeln fanden erstmals im Schengener Durchführungsübereinkommen aus dem Jahr 1990 Anwendung. Es galt bis 1997 und wurde vom Dubliner Übereinkommen (DÜ), das bis 2003 in Kraft war, abgelöst. Seit dem 1. September 2003 galt die Dublin-II-Verordnung, die im Juli 2013 von der Dublin-III-Verordnung abgelöst wurde. Staaten, in denen diese Verordnung unmittelbar geltendes Recht ist, sind alle Mitgliedstaaten der EU sowie Norwegen, Island, die Schweiz und seit Dezember 2012 Liechtenstein.

Im Dublin-Verfahren wird geklärt, welcher Staat den Asylantrag prüfen muss. Es soll sichergestellt werden, dass die Staatengemeinschaft und nicht der Asylantragsteller darüber entscheidet, wo sein Antrag geprüft wird und somit Weiterwanderungen größeren Stils vermieden werden; dass tatsächlich jeder Antrag innerhalb der Vertragsstaaten geprüft und eine «refugee in orbit»-Situation vermieden wird, in der sich kein Mitgliedstaat mehr für zuständig hält; dass Asylbewerber nur in einem Staat und nicht in mehreren Staaten (gleichzeitig oder nacheinander) Anträge stellen («asylum shopping»).

Kriterium für die Zuständigkeit ist die Ersteinreise, also die Verantwortung für Einreise und Aufenthalt – das gilt sowohl bei einer illegalen Einreise als auch beim Vorhandensein eines Einreisevisums oder eines Aufenthaltstitels. Die Zuständigkeit endet ein Jahr nach dem illegalen Grenzübertritt. Kann die Zuständigkeit nach diesen Kriterien nicht festgestellt werden und hat sich der Antragsteller fünf Monate in einem Mitgliedstaat aufgehalten, so ist dieser Staat für das Verfahren zuständig. Ist ein solcher Aufenthalt nicht feststellbar, ist der Mitgliedstaat, in dem sich der Antragsteller aktuell aufhält, zuständig. Halten sich Familienangehörige in einem Vertragsstaat auf, denen der GFK-Flüchtlingsstatus zugesprochen wurde, so muss dieser Staat das Verfahren durchführen, um dem Grundsatz der Familieneinheit zu entsprechen.

Wird ein anderer Mitgliedstaat für zuständig gehalten, so muss binnen einer Frist von drei Monaten ein Übernahmegesuch an den betreffenden Staat gerichtet werden. Dieser muss darüber innerhalb von zwei Monaten entscheiden. Stimmt er zu, muss der antragstellende Staat den betroffenen Asylbewerber informieren und ihn innerhalb von längstens sechs Monaten überstellen. Dagegen kann innerhalb einer Woche einstweiliger Rechtsschutz beantragt werden, der aufschiebende Wirkung hat. Die Vertragsparteien sind allerdings nicht verpflichtet, nach dem Land der Ersteinreise zu suchen oder – bei dessen Feststellung – den Asylbewerber dorthin zu überstellen. Sie haben das Recht zum Selbsteintritt. Kann ein Staat der Ersteinreise nicht bestimmt werden, ist der Staat zuständig, in dem der erste Antrag auf Schutz gestellt worden ist.

Die im Juni 2013 vom Europäischen Rat und vom Europäischen Parlament beschlossene Dublin-III-Verordnung sieht keinen Systemwechsel vor. Zentrale Änderungen sind:

Der Anwendungsbereich wurde ausgeweitet: Er gilt nicht mehr nur für jene, die einen Antrag auf Anerkennung der Flüchtlingseigenschaft gestellt haben, sondern auch für jene, die subsidiären Schutz beantragen (Abs. 10).

Das Recht auf Familienzusammenführung wurde ausgeweitet. Leben Familienangehörige in einem Mitgliedstaat, hat der Antragsteller das Recht, in diesen Staat überstellt zu werden, um die Familieneinheit zu wahren. Die Kriterien für das Bestehen familiärer Bindungen wurden erweitert (auf volljährige Onkel und Tanten, Großelternteil) (Art. 2 h).

Das Recht auf Information des Antragstellers wurde ausgeweitet (Art. 4). Die Information über das Verfahren und die jeweiligen Rechte muss frühzeitig (sobald der Antrag gestellt ist) und umfassend erfolgen.

Es wurde ein «Recht auf ein wirksames Rechtsmittel gegen eine Überstellungsentscheidung in Form einer auf Sach- und Rechtsfragen gerichteten Überprüfung durch ein Gericht» festgeschrieben (Art. 27, Abs. 1). Der deutsche Gesetzgeber hat dem mit der Neufassung des Asylgesetzes (§ 34a) Rechnung getragen. Innerhalb einer Woche nach Androhung der Abschiebung kann ein Eilantrag beim Verwaltungsgericht gestellt werden, eine Überstellung ist dann bis zur Entscheidung unzulässig.

Ein Frühwarnsystem soll nun die Asylsysteme der Mitgliedstaaten beobachten, um frühzeitiges Eingreifen zu ermöglichen und auf diese Weise krisenhafte Zuspitzungen zu verhindern (Art. 33). Die EU-Kommission hatte vorgeschlagen, eine «vorläufige Aussetzung von Überstellungen» in Fällen vorzusehen, in denen die nationalen Asylsysteme aufgrund von Überlastung den Mindeststandards nicht mehr entsprechen können. Unionsweite Übernahmeprogramme von Asylsuchenden wurden ebenfalls vorgeschlagen. Dies war von den Mitgliedstaaten allerdings abgelehnt worden.

Um der Mehrfachantragstellung in unterschiedlichen Ländern der EU vorzubeugen, wurde Eurodac als computergestütztes Vergleichssystem für Fingerabdrücke entwickelt. Von jedem Asylbewerber, jeder Person, die illegal die Grenze überschreitet, sowie von aufgegriffenen, sich illegal im Land aufhaltenden Personen ab einem Alter von 14 Jahren sollen seitdem Fingerabdrücke genommen werden. Damit können die Behörden feststellen, ob diese Personen bereits in einem anderen Mitgliedstaat (oder mehreren Mitgliedstaaten) Asylanträge gestellt haben (möglicherweise unter anderen Namen) und damit in die Zuständigkeit dieses Landes fallen. Im Jahr 2012 wurden 411 000 erfolgreiche Transaktionen über das Rechenzentrum abgewickelt. Von 286 000 Vorgängen zu Asyl wurden in 78 600 Fällen (27,5 %) Mehrfach-Asylanträge festgestellt.

Im Jahr 2014 wurden dem Bundesamt für Flüchtlinge und Migration (BAMF) zufolge bei Personen, die sich illegal in Deutschland aufhalten und von der Polizei aufgegriffen wurden, in 23 200 Fällen Eurodac-Treffer erzielt. Bei den Asylbewerbern waren es 75 100 Treffer (BAMF 2015: 36). Der Eurodac-Treffer-Anteil bei den Ersuchen Deutschlands ist mit 72,8 Prozent erneut leicht gestiegen. Der Eurodac-Treffer-Anteil bei Ersuchen anderer Mitgliedstaaten an Deutschland lag 2014 bei 68,5 Prozent.

Deutschland profitiert vom Dublin-Verfahren. Seit 2007 stellt die Bundesrepublik Deutschland mehr Übernahmeersuchen, als sie von anderen Mitgliedstaaten erhält (BAMF 2013: 41). In den zurückliegenden Jahren stellten Deutschland, die Schweiz, Österreich und Frankreich die meisten Übernahmegesuche, Griechenland, Italien und Polen waren in den meisten Fällen die

Adressaten. Im Jahr 2014 stellte Deutschland siebenmal so viele Übernahmegesuche an Mitgliedstaaten, wie es von anderen Mitgliedstaaten erhielt (35 115 zu 5091) (BAMF 2015: 37). Die meisten Ersuchen erfolgten gegenüber Italien (9102), Bulgarien (4405), Ungarn (3913) und Polen (3311). Zwar wird bei einem Fünftel der Anträge die Zuständigkeit eines anderen Dublin-Staates festgestellt, tatsächlich erfolgt aber nur in 13,6 Prozent der Fälle eine Überstellung. 2014 überstellte die Bundesrepublik Deutschland 4772 Personen an andere Mitgliedstaaten, davon an Polen 1218, Belgien 844, Italien 783 Personen. Die Gründe für diese Differenzen sind zu suchen in Selbsteintritt, in Überstellungshindernissen (Erkrankung/Reiseunfähigkeit) oder im Untertauchen oder der Nicht-Auffindbarkeit der betroffenen Person. An Deutschland wurden 2275 Personen überstellt, davon aus Schweden 483, Griechenland 460 und der Schweiz 214.

Der Anteil der Übernahmeersuchen an allen Asylerstverfahren in Deutschland lag vor der Inbetriebnahme von Eurodac zwischen 0,3 Prozent 1997 und 6,6 Prozent 2002. Mit Hilfe von Eurodac gab es von 2003 bis 2009 einen mehrjährigen Anstieg von 9,7 Prozent auf 33,0 Prozent. Seitdem ging der Anteil kontinuierlich bis auf 17,8 Prozent im Jahr 2012 zurück und lag 2014 bei 20,3 Prozent (BAMF 2015: 41). Die Gründe für diesen Rückgang sind unter anderem in den seit Januar 2011 ausgesetzten Überstellungen nach Griechenland zu sehen sowie in dem hohen Anteil von Asylanträgen aus den Westbalkanstaaten Serbien, Montenegro, Kosovo, Bosnien, Herzegowina und Mazedonien. Staatsangehörige aus diesen Staaten können mittlerweile visumfrei in den Schengen-Raum einreisen. Für sie ist dann der Mitgliedstaat zuständig, in dem der Asylantrag gestellt wird.

Das Dublin-Verfahren gehört zu den zentralen Kritikpunkten an der europäischen Migrationspolitik. Im Mittelpunkt stehen dabei die ungleichen Schutzstandards in den Mitgliedstaaten, die Anreize, die Abwehr von Migranten möglichst wirkungsvoll zu gestalten, und menschenrechtliche Aspekte. Das Dublin-System setzt voraus, dass die rechtlichen Standards in den Mitgliedstaaten vergleichbar sind und die Lebensbedingungen Mindeststandards genügen. Materielle Maßstäbe und Verfahrensbestimmungen wurden allerdings lange Zeit nicht harmonisiert. Das Asylrecht bleibt in den Mitgliedstaaten verankert, sie sind es, die Asyl gewähren. Die mangelnde materielle Rechtsangleichung vor der Klärung des Verteilungsprozesses sei ein «Geburtsfehler» des Dublin-Systems gewesen, provoziere die Sekundärwanderung und verfehle damit das Ziel einer gerechten Verantwortungsaufteilung, kritisieren Flüchtlingsgruppen (Marx: Verordnung, S. 189).

Die Schutzquoten – also der Anteil der positiven Entscheidungen an allen Entscheidungen in der ersten Instanz – gehen zwischen den Mitgliedstaaten der EU sehr weit auseinander. Das gilt auch dann, wenn man die Schutzquoten in Bezug auf einzelne Herkunftsländer wie Afghanistan, den Irak, Somalia und Syrien vergleicht.

Diese Unterschiede gehen zurück auf unterschiedliche rechtliche Standards und Diskrepanzen bei der Umsetzung von EU-Richtlinien. Zu den Ursachen können aber auch spezifische Gruppeneigenschaften von Asylbewerbern gehören, weil sich in einzelnen Aufnahmeländern ethnische oder religiöse Minderheiten oder Personen aus einer bestimmten Region eines Herkunftslandes sammeln, was zu höheren Schutzquoten beitragen würde. Dies muss bei einem Vergleich der Schutzquoten berücksichtigt und analysiert werden.

Die Zuständigkeitskriterien des Dublin-Verfahrens – in erster Linie die Verantwortung für die Ersteinreise – werden von Flüchtlingsorganisationen grundsätzlich kritisiert: Sie veranlassten Staaten mit Außengrenzen, ihre Anstrengungen darauf zu konzentrieren, die Zahl der Grenzübertritte durch umfassende Kontrollen möglichst niedrig zu halten. Ihnen werde die Verantwortung für die Grenzsicherung überlassen, argumentieren Kritiker. Dieser Fokus auf die Grenzsicherung wird als inhuman kritisiert. Flüchtlinge seien auf Schleuser angewiesen, weil sie nur mit deren Hilfe den Schengen-Raum erreichen könnten. Deshalb hätten sie in vielen Fällen keinen Einfluss auf die Wahl des Staates der Ersteinreise. Das System sei «staatsfixiert» und lasse die Bedürfnisse und Interessen der Flüchtlinge außen vor. Die Alternative wäre dann die freie Wahl durch die Flüchtlinge und Migranten – wie sie seit Mitte des Jahres 2015 faktisch gegeben ist.

Von Flüchtlings- und Menschenrechtsorganisationen wird der Wegfall des Kriteriums «Ersteinreise» gefordert und die freie Wahl durch die Asylbewerber. Allerdings setzt dies die weitgehende Vereinheitlichung rechtlicher Standards, der Verfahren und der Sozialleistungen voraus, sollen die Disparitäten der Lastenverteilung nicht ausufern und damit die Akzeptanz insgesamt gefährdet werden. Selbst wenn dies erreicht werden sollte – was nicht zu erwarten ist –, bliebe völlig offen, wie sich die individuellen Entscheidungen auf das Ergebnis der Verteilung auswirken. Befürworter schlagen deshalb für die besonders belasteten Staaten Ausgleichszahlungen vor. Die Aufnahme von Flüchtlingen ist allerdings nicht in erster Linie eine Frage der Kosten, sondern eine Frage der politischen Akzeptanz.

Im Zentrum der Kritik steht seit Jahren Griechenland. Bis zum Jahr 2011 gab es dort kein einziges Erstaufnahmezentrum. Der EGMR klassifizierte im Januar 2011 die Überstellung eines Asylsuchenden von Belgien nach Griechenland aufgrund der dortigen Haft- und Lebensbedingungen als Verstoß gegen die EMRK. Angesichts derartiger «systemischer Mängel» werde das «Selbsteintrittsrecht de facto zu einer Selbsteintrittspflicht» (Deutscher Bundestag: Zur Unvereinbarkeit). Der EuGH hatte sich dem im Dezember 2011 angeschlossen. Das Bundesinnenministerium hatte im Januar 2011 Überstellungen nach Griechenland ausgesetzt, um einem Urteil des Bundesverfassungsgerichts zuvorzukommen: Dies gilt bis heute. Dublin-III untersagt ausdrücklich Überstellungen in solche Mitgliedstaaten. Damit ist auch die Unterstellung, alle Mitgliedstaaten der EU seien als solche fraglos «sichere Drittstaaten», nicht mehr gültig.

Für Flüchtlinge ohne Papiere und für unbegleitete Minderjährige ist die Lage in Griechenland weiterhin verheerend, was Berichte über improvisierte Lager aus dem Jahr 2013 zeigen. Dabei hat Griechenland 2013 aus dem Außengrenzenfonds rund 45 Millionen Euro erhalten. Der griechische Staat restrukturierte im gleichen Jahr sein Asylsystem – im Juni 2013 wurden neue Behörden geschaffen und verbesserte Verfahren eingeführt. «Die Zustände in Griechenland im Bereich der Erstaufnahme verbessern sich zwar langsam, sind aber weiterhin vollkommen unzureichend, die bereitgestellten Kapazitäten reichen nicht ansatzweise aus», so der Sachverständigenrat deutscher Stiftungen für Integration und Migration (SVR) in seinem Jahresgutachten 2015. Immer noch müssen Flüchtlinge, wenn sie die Inseln oder das Festland lebend erreicht haben, tagelang unter freiem Himmel kampieren und auf ihre Registrierung warten. Auch die von der EU eingerichteten «Hotspots», in denen die Flüchtlinge mit Unterstützung von Frontex und EASO erstbehandelt werden sollen, entspannen die Lage nur langsam, da die Kapazitäten dem Andrang nicht entsprechen.

Grundlegende Defizite im Asylverfahren – bis hin zu Misshandlungen – werden auch Ungarn, Bulgarien, Italien, Malta und Zypern vorgeworfen. Deutsche Verwaltungsgerichte haben in den vergangenen Jahren in mehreren Fällen Dublin-Überstellungen nach Ungarn, Italien und Malta ausgesetzt. Mit dem Kriterium «systemische Mängel» wurde allerdings eine hohe Hürde gesetzt. Der EGMR hat 2014 die Dublin-Staaten verpflichtet, sich vor Überstellungen nach Italien in jedem Einzelfall zusichern zu lassen, dass die betroffenen Flüchtlinge human behandelt und angemessen untergebracht werden, was vor allem für besonders verletzliche Gruppen (wie unbegleitete Minderjährige) gilt. Bereits für 2014 musste festgestellt werden, dass die Kapazitäten in Italien weder hinsichtlich ihres Umfangs noch ihrer Ausstattung ausreichen (SVR: Jahresgutachten 2015, S. 72). Angesichts des starken Flüchtlingszugangs ist offensichtlich eine Eskalation der Abschreckung durch schlechteste Aufnahmebedingungen im Gange (Ungarn, Tschechien, Bulgarien). Die Verantwortlichen setzen darauf, dass sich diese Nachrichten schnell über die Netzwerke verbreiten.

Inzwischen muss das Dublin-Verfahren als gescheitert gelten. Das hat mehrere Gründe: Die langwierigen und inzwischen mit Rechtsschutzgarantien ausgestatteten Verfahren sind nur noch im Ausnahmefall realisiert worden. 2014 wurden nur 17 Prozent der genehmigten Überstellungen in einen anderen Dublin-Staat auch tatsächlich vollzogen (4770 von 27715). Das liegt auch daran, dass über die Hälfte der Betroffenen untertaucht, nachdem ihnen die geplante Überstellung angekündigt wurde. Nachdem 2011 bereits Griechenland wegen «systemischer Mängel» aus dem Verfahren herausgefallen war, setzte die Bundesrepublik Deutschland das Verfahren im Sommer 2015 kurzfristig bezogen auf Ungarn aus. Mitgliedstaaten mit «blauen Grenzen» sind nachweislich ihrer Verpflichtung, ankommende Flüchtlinge einem Screening-Verfahren zu unterziehen und sie mit Hilfe des Fingerabdruckidentifizierungssystems Eurodac zu registrieren, nicht nachgekommen. Sie wären dann für die Verfahren zuständig gewesen. Stattdessen haben sie die Flüchtlinge «durchgewunken» und ihnen damit die Weiterreise in das gewünschte Zielland ermöglicht. Das zeigen die großen Unterschiede zwischen der Zahl der Ankommenden und der Zahl der Asylanträge. Der Grundsatz, dass die Staatengemeinschaft und nicht der einzelne Flüchtling entscheidet, in welchem Dublin-Staat das Asylverfahren durchgeführt wird, ist somit obsolet geworden.

Ein weiterer Grund für das Scheitern des Dublin-Systems ist, dass es nicht gelungen ist, die Standards hinsichtlich der Verfahren zur Schutzgewährung aber auch hinsichtlich der sozialen Standards der Versorgung von Flüchtlingen zu vereinheitlichen. Das wiederum kann nicht verwundern, denn die sozio-ökonomischen Disparitäten haben innerhalb der EU stark zugenommen – sowohl durch die Beitrittsrunden 2004, 2007 und 2015 (vorwiegend Mittel- und Osteuropäische Staaten) als auch durch die Auswirkungen der Finanz- und Wirtschaftskrise (Spanien, Griechenland, Portugal). Insbesondere den postsozialistischen Transformationsstaaten fehlt die Erfahrung im Umgang mit größeren Flüchtlingsbewegungen. Sie haben dementsprechend keine vergleichbaren Institutionen für die Verfahren zum Flüchtlingsschutz aufgebaut wie Deutschland und andere Mitgliedstaaten. Sie tun sich deshalb schwer, über die Zustimmung zu Quotenregelungen in wirtschaftlich schwierigen Zeiten gegenüber der Bevölkerung die Aufnahme größerer Flüchtlingsgruppen zu rechtfertigen. Schließlich: Das dichte Regelwerk aus Richtlinien und Verordnungen der EU wurde und wird in den Mitgliedstaaten unterschiedlich ausgelegt, in nationales Recht umgesetzt und angewandt. Das Ergebnis sind zum einen weit auseinanderdriftende Anerkennungsquoten (auch für Flüchtlinge aus denselben Herkunftsregionen) und damit sehr unterschiedliche Wahrscheinlichkeiten, tatsächlich Schutz – und damit Aufenthaltsrechte – zugesprochen zu bekommen.

Ein wesentliches Ziel der Entwicklung eines Gemeinsamen Europäischen Asylsystems ist damit verfehlt worden: ein «gleiches Schutzniveau zu erreichen sowie ein hohes Maß an Solidarität zwischen den EU-Mitgliedstaaten sicherzustellen» (Grünbuch GEAS vom 6.6.2007). Dies wäre eine wichtige Voraussetzung für eine faire Lastenteilung.

Lastenteilung und Solidarität

Das Dublin-Verfahren führt aufgrund der Zuständigkeitskriterien zu einer zusätzlichen Belastung der Staaten an der Peripherie. Hinzu kommt, dass die Mittelmeer-Anrainerstaaten besonderen Belastungen ausgesetzt sind. Viele Personen überschreiten die Grenzen nach Griechenland und Italien, ohne als Asylbewerber registriert zu werden, weil diese Länder das Dublin-Verfahren boykottieren. So erreichten Griechenland in den ersten elf Monaten des Jahres 2015 nach Angaben der Internationalen Organisation für Migration (IOM) rund 721 000 Migranten über das Mittelmeer (2014 wurden insgesamt 43 500 Ankommende registriert), nach Italien gelangten im gleichen Zeitraum rund 143 000 Personen. Hinzu kommt, dass die Mitgliedstaaten – insbesondere jene der letzten Erweiterungsrunden – sehr unterschiedliche Voraussetzungen haben, um mit Asylzuwanderung umzugehen. Gleichzeitig gilt, dass in den zurückliegenden Jahrzehnten die meisten Asylanträge nicht in den Staaten mit EU-Außengrenzen gestellt werden, sondern in den wirtschaftlich starken Ländern Deutschland, Frankreich, Schweden, Großbritannien und Belgien.

Die Abschaffung der Binnengrenzen im Schengen-Raum und

die (ungleiche) Verteilung von Verantwortlichkeiten für die Sicherung der Außengrenzen (und den Umgang mit Migranten, die dort ankommen) standen von Beginn an in einem direkten Zusammenhang. Die Ausweitung des Schengen-Raums auf Mitgliedstaaten außerhalb eines «Kerneuropa» wurde mit der Bereitschaft der Peripherie-Staaten erkauft, erhebliche Beiträge zur Grenzsicherung zu leisten. Die Staaten der europäischen Peripherie haben vom Wegfall der Binnengrenzen und den damit einhergehenden gestiegenen Mobilitätschancen ihrer Bürger am stärksten profitiert – ein Grund, warum sie diesem System zugestimmt haben.

Eine Lastenteilung (oder: Verantwortungsteilung), wie sie auch im Vertrag über die Arbeitsweise der EU ausdrücklich als Ziel verankert ist (Art. 80), wird immer wieder gefordert, ist allerdings bislang nicht erreicht worden. Daher sind die Mitgliedstaaten versucht, Asylbewerber zu verdrängen – durch die Wiedereinführung von Grenzkontrollen oder durch eine restriktive Politik.

Einer der Gründe für die offensichtlichen Diskrepanzen zwischen den Mitgliedstaaten liegt darin, dass die Agentur, die zu einer Angleichung und damit im Ergebnis auch zu einer Lastenteilung beitragen soll, ein Schattendasein führt. Das 2010 gegründete Europäische Unterstützungsbüro für Asylfragen sollte zu den wichtigsten Instrumenten gehören, mit denen die Mitgliedstaaten mit Außengrenzen und hohem Migrantenaufkommen unterstützt werden. Seine Aufgabe besteht darin, «zu der Umsetzung des Gemeinsamen Europäischen Asylsystems (GEAS) beizutragen, indem es als unabhängiges Fachzentrum für Asylfragen Unterstützung leistet und die praktische Zusammenarbeit zwischen den Mitgliedstaaten ermöglicht, koordiniert und fördert» (Europäisches Unterstützungsbüro: Jahresprogramm 2014, S. 5). Mit einem Budget von 15,7 Millionen Euro und 86 Mitarbeitern im Jahr 2015 dokumentiert die EU, dass sie kein ernsthaftes Interesse daran hat, auf diesem Gebiet wirkliche Fortschritte zu erzielen.

Seit 2012 hat sich der Migrationsdruck Jahr für Jahr merklich verstärkt. Die Schiffsunglücke auf dem Mittelmeer häuften sich und die Zahl der Toten nahm von Monat zu Monat zu. Inzwischen verstärkte sich der Druck auf die Migrationspfade kontinuierlich. Die Abstoßungsfaktoren verstärkten sich mit dem Zeitverlauf – immer größer wurde die Zahl jener, die für sich und ihre Familien keine Überlebensperspektive im Bleiben mehr sahen und sich deshalb für die Exit-Option entschieden. Zudem verstärkten sich die Anziehungskräfte großer europäischer Staaten wie Deutschland.

Die Europäische Kommission und das Parlament hatten in dieser Situation die Kompetenz, den zunehmenden Disparitäten entgegenzuwirken. Kommission, Parlament und Europäischer Rat kamen in Zeiten der Eurokrise, der Finanzkrise und der Griechenlandkrise allerdings nicht ihrer Pflicht nach, die Fehlentwicklungen durch das Dublin-System zu korrigieren. Die Kommission hatte immerhin 2008 bei der Reform des Dublin-Systems entsprechende Vorschläge zur Umverteilung im Fall von Überlastungen gemacht, war damit aber gescheitert. Rechtzeitige Entscheidungen hätten einer Eskalation der Migrationskrise vorbeugen können. Dazu hätten gehören können: die Unterstützung der Erstaufnahmeländer durch einen rechtzeitigen und nachhaltigen Ausbau der Infrastruktur in den Erstaufnahmeländern; die Zahlung angemessener Beiträge zur sachgerechten Ausstattung der Hilfsprogramme der Vereinten Nationen sowie die rechtzeitige Realisierung von Neuansiedlungsprogrammen (Resettlement); ein rechtzeitiges Eingeständnis, dass das Dublin-System funktional so defizitär war, dass nachhaltige ergänzende und korrigierende Eingriffe unverzichtbar waren. Dazu hätten – spätestens 2014 – Maßnahmen gehört, die die vorwiegend betroffenen Mitgliedstaaten deutlich entlastet hätten – sowohl bei der Bewältigung des Zustroms als auch bei der Aufnahme von Flüchtlingen.

Jahrelang hatte die europäische Politik darauf bestanden, die Herausforderung der Migration durch «Bekämpfung» unerlaubter Migration, durch Bekämpfung der Schleuser, durch integriertes Grenzmanagement und durch die Schaffung weiterer legaler Zuwanderungswege zu lösen. Dabei musste klar sein, dass sowohl die Schleuser als auch ihre Kunden, die Flüchtlinge, solange Mittel und Wege zur Erreichung ihrer Ziele und Zwecke finden würden, wie Menschen keine andere Lösung sahen, als durch Flucht ihr Leben und das ihrer Familie zu retten. Auch die intelligentesten Grenzen und ein hohes Risiko, ihr Ziel nicht zu erreichen, würden sie daran nicht hindern können. Mit legalen Zugangswegen war meist arbeitsmarktorientierte Zuwanderung gemeint. Dieser Migrationspfad gehört noch zu den Kompetenzen, die sich die Mitgliedstaaten ausdrücklich reserviert und nicht auf die EU-Ebene transferiert hatten. Viele Mitgliedstaaten haben eine hohe Arbeitslosigkeit und sehen daher keinen Bedarf an dieser Art der Zuwanderung.

Unter ihrem neuen Präsidenten Jean-Claude Juncker und vor dem Hintergrund des immer größer werdenden Zustroms räumte die Kommission in ihrer Europäischen Migrationsagenda im Mai 2015 ein, dass «die gemeinsame europäische Politik in diesem Bereich den Erfordernissen nicht gerecht wird». Unter anderem schlug sie vor, 40 000 Syrer und Eritreer aus Italien und Griechenland innerhalb der EU umzusiedeln. Zusätzlich sollen 20 000 Menschen auf Vorschlag des UNHCR in der EU neu angesiedelt und nach Quoten auf die Mitgliedstaaten verteilt werden.

In den vergangenen Jahren sind mehrere Vorschläge gemacht worden, wie Aufnahmequoten für die EU-Mitgliedstaaten entwickelt werden könnten. Auch die Europäische Union hat infolge der starken Zuwanderung im Jahr 2015 einen Vorschlag für eine auf Quoten basierende Verteilung gemacht. Er soll die Grundlage für einen zu beschließenden verbindlichen, automatischen Verteilmechanismus sein. Den Kriterien liegen die Bevölkerungszahl, die Zahl der bereits aufgenommenen Flüchtlinge und Migranten, die Arbeitslosenquote und das Bruttoinlandsprodukt zugrunde. Ende September 2015 entschieden die EU-Innenminister mehrheitlich, 120 000 Flüchtlinge unter den Mitgliedstaaten umzuverteilen – gegen die Stimmen Tschechiens, Ungarns und der Slowakei; Finnland enthielt sich. Insbesondere mittel- und osteuropäische Mitgliedstaaten sind nicht bereit, Umverteilungsmechanismen und Quoten innerhalb der EU zuzustimmen.

Die Gründe dafür sind vielfältig: Anders als ehemalige Kolonialstaaten wie Frankreich, Großbritannien, Belgien und die Niederlande, die seit Anfang des 20. Jahrhunderts sehr viel Zuwanderung zu verzeichnen hatten, sind die mittel- und osteuropäischen Staaten eher Abwanderungsländer – entweder von Schutzsuchenden oder von Arbeitsmigranten. Ethnische Säuberungen, die Vernichtungspolitik des Dritten Reiches und die Flucht vor dieser Politik, die Flucht vor sowjetischen Truppen, vor Vertreibungen – all das führte zu ethnisch und religiös weitgehend homogenen Gesellschaften. Migration war jahrzehntelang nur insofern ein Thema, als es um das nicht gewährte Menschenrecht auf Ausreisefreiheit auch aus dem eigenen Staat ging. Nach dem Wegfall des Eisernen Vorhangs wurden Länder wie Polen zu Transitstaaten der einsetzenden großen Wanderungsbewegungen aus den ehemaligen Sowjetrepubliken. Das aufzubauende polnische Migrationsregime sollte dazu dienen, das Land vor unkontrollierter Zuwanderung und den Bedrohungen, die man damit verband, zu schützen. Mit der rasch begonnenen Integration in europäische Strukturen musste Polen als künftiger Mitgliedstaat mit EU-Außengrenzen besondere Bedingungen erfüllen. Diese bestanden im Nachweis der effizienten Grenzkontrolle und in der Umsetzung der Schengen-Standards in der Asyl- und Visapolitik, was zum Beispiel bedeutete, die Visafreiheit mit den östlichen Nachbarn zu beenden.

Der Anteil an ausländischen Staatsangehörigen, die sich dauerhaft im Land aufhalten, liegt in Polen, Rumänien, Kroatien und Litauen bei unter einem Prozent. Für Asylsuchende sind sie eher Transitländer. Selbst anerkannte Flüchtlinge wandern weiter – wegen unterdurchschnittlichen Sozialleistungen, mangelnder Unterstützung bei der Integration in den Arbeitsmarkt und fehlenden ethnischen Kolonien, an die sie andocken könnten. Aus Nordafrika und aus Syrien wurden im Jahr 2014 in Polen 150 Asylbewerber registriert, von Januar bis Juni 2015 rund 70. Dennoch wurde der Umgang mit Flüchtlingen zum polarisierenden und mobilisierenden Thema im Wahlkampf 2015 und trug entscheidend zum Wahlsieg der Rechten bei.

Diese Länder haben mehrere Jahrzehnte der Fremdbestimmung und Unterdrückung hinter sich – zunächst durch das nationalsozialistische Deutschland, dann durch die kommunistische Sowjetunion. In Estland und Lettland wäre die nicht-zugewanderte Bevölkerung in kürzerer Frist zur Minderheit in ihren Ländern geworden und die russische Minderheit zur Mehrheit, wäre nicht der Eiserne Vorhang überwunden worden. Der polnische Staat war von 1795 bis 1918 vollständig von der politischen Landkarte verschwunden – ein Trauma, das bis heute nachwirkt. «Die entfesselte Gewalt im Zweiten Weltkrieg mit Holocaust, Umsiedlungen und Vertreibungen sowie die Politik der kommunistischen Machthaber ab 1945 haben Polen ethnisch homogenisiert. Außerdem waren der nationale Zusammenhalt und ein entsprechendes kulturelles Selbstverständnis immer auch entscheidend für den erfolgreichen Widerstand gegen die sowjetische Staatsmacht.» (Vetter: Flüchtlinge, S. 6). Diese Staaten befinden sich in einem Prozess der Selbstfindung und sind häufig tief gespalten. Verlierer der Modernisierung, der marktwirtschaftlichen Umformung der Gesellschaften, retten sich in nationalkonservative oder religiös konservative Erzählungen, deren Traum homogene und widerspruchsfreie Gesellschaften sind. Liberale Modernisierer, die die Freiheiten und Chancen der neuen Zeit schätzen, stehen ihnen gegenüber. Hinzu kommen rechtspopulistische Bewegungen, die die Nachrichten über die Flüchtlingskrise zur Maximierung der Wählerzahlen nutzen. Auch die Wahl im Oktober 2015 in Polen war davon gekennzeichnet, dass die Wahlsiegerin, die Partei «Recht und Gerechtigkeit» im Wahlkampf ablehnende Haltungen gegen «Fremde» und deren drohenden Zuzug nach Polen nutzte und Vorurteile gegenüber dem Islam und Muslimen schürte. Ob Warschau oder Dresden: Wo die wenigsten Muslime leben und damit auch die Kontakte zu ihnen fehlen, sind die Antipathien am größten.

3. Die Steuerbarkeit von Zuwanderung und Asylmigration

Das Aufenthaltsgesetz dient der «Steuerung und Begrenzung des Zuzugs von Ausländern in die Bundesrepublik Deutschland» (§ 1 AufenthG, Abs. 1, S. 1). Wie bei allen Gesetzen ist es allerdings mit dem formulierten Anspruch nicht getan: Entscheidend war und ist der politische Wille, Zuwanderung tatsächlich zu steuern. Dazu müssten die Entscheidungs- und Handlungsspielräume – vor allem beim Vollzug der einschlägigen Gesetze – im Sinne von Steuerung und Begrenzung genutzt werden. Die deutsche Politik hat in den vergangenen Jahren eine Vielzahl von Verfahren geschaffen, die es ermöglichen, trotz ablehnender Entscheidungen von Verwaltung und Gerichten ein Bleiberecht zu erlangen. Bund und Länder – letztere sind für den Gesetzesvollzug verantwortlich – haben ihren Steuerungsanspruch jahrzehntelang nur noch eingeschränkt umgesetzt. Das schafft Wanderungsanreize. Dabei darf nicht verkannt werden, dass die Rahmenbedingungen schwierig sind: Begrenzte Steuerungsfähigkeit ist ein Charakteristikum demokratischer Rechtsstaaten. Liberale Staaten sind nicht frei in ihren Entscheidungen über den Umgang mit Zuwanderung. Zahlreiche Akteure sind als Mitspieler auf diesem Politikfeld unterwegs. Sie sind mit unterschiedlichen Ressourcen ausgestattet, mit denen sie Widerspruch anmelden, ihre Interessen artikulieren und durchsetzen können. Die Akteure gehen taktische und strategische Koalitionen ein, mit deren Hilfe sie auf den unterschiedlichen Ebenen (EU, Bund, Länder, Gemeinden) die Politikergebnisse nachhaltig beeinflussen. Liberale Staaten sind durch nationales und internationales Recht, durch menschenrechtliche Normen und Normen des Flüchtlingsschutzes eingehegt – institutionalisiert in der Judikative, von den Verwaltungsgerichten über das Bundesverfassungsgericht bis zu den einflussreichen europäischen Gerichtshöfen. Einschränkend wirkt sich zuallererst die Verrechtlichung der Migrationspolitik aus. Jahrzehntelang war die Ausländerpolitik in Deutschland durch die Handlungsabstinenz des Gesetzgebers gekennzeichnet – die Gerichte prägten durch Richterrecht die Materie. Sie trugen zur hohen Komplexität und Unüberschaubarkeit in diesem Rechtsgebiet und damit auch zur Ineffizienz des Asylsystems bei.

Normen des internationalen Flüchtlingsschutzes (wie die GFK, die EMRK und die Charta der Grundrechte der EU) hegen die Nationalstaaten in ihrer Handlungsautonomie ein – nicht zuletzt als eine Reaktion auf die weltweiten Katastrophen im 20. Jahrhundert. Die Europäisierung der Migrationspolitik, die in der Verabschiedung der zweiten Stufe des GEAS im Jahr 2013 ihren vorläufigen Abschluss fand, hat die Steuerungsmöglichkeiten der nationalen Gesetzgeber und Gerichte überdies stark eingeschränkt. Einen erheblichen Einflussgewinn verzeichnen auch der EuGH und der EGMR, der die Handlungsfähigkeit der Mitgliedstaaten und der Agenturen der EU in den vergangenen Jahren massiv eingeschränkt hat. Das gilt sowohl für das Dublin-Verfahren als auch für den Handlungsspielraum außerhalb des Hoheitsgebiets der EU. In der europäischen Asyl- und Flüchtlingspolitik nimmt der EuGH Weichenstellungen für die Politik der EU vor. Dass damit den Mitgliedstaaten «eine zentrale Frage der Gestaltung humanitärer Aufnahmepflichten demokratischer Entscheidungsfindung» entzogen wird, «ohne dass auch nur ansatzweise eine demokratische Legitimation der Entscheidung ersichtlich ist» (Hailbronner: Deutsche Ausländer, S. 1078), ist allerdings die Kehrseite. Hinzu kommen nationale Selbstdefinitionen und historische Entwicklungslinien der einzelnen Mitgliedstaaten – wie eine Kolonialvergangenheit oder das Selbstverständnis als «klassisches Einwanderungsland». Die Bedingungen, unter denen Zuwanderungspolitiken entstehen, sind mit den Stichworten repräsentative Demokratie, Verfassungsstaat, Kapitalismus und nationale Identität beschrieben worden.

Akteure

Neben staatlichen Akteuren (Regierungen, Parlamenten, Gerichten) sind zahlreiche nicht-staatliche Mitspieler auf diesem Politikfeld aktiv – Wirtschaftsverbände, Wohlfahrtsverbände, Kirchen und Flüchtlingsgruppen. Teilweise sind sie seit den 1970er Jahren in korporatistische Strukturen eingebunden, so etwa die Wohlfahrtsverbände bei der Integration von Migranten. Die Unternehmensverbände haben sich in der deutschen Zuwanderungspolitik als äußerst mächtige Akteure erwiesen, die wesentliche Weichenstellungen beeinflusst und initiiert haben. Sie haben ein grundlegendes Interesse an einem möglichst großen Potential an Arbeitskräften, das nicht durch staatliche Grenzen oder Regulierungen eingeschränkt wird. Arbeitskräfteknappheit (Vollbeschäftigung) mindert ihre Macht – vor allem bei Tarifverhandlungen. Kostendruck durch höhere Löhne oder bessere Arbeitsbedingungen soll durch Import von Arbeitskräften oder durch Auslagerung von Arbeitsplätzen in Schwellenländer verhindert werden.

Wesentliche Akteure sind Parteien und Medien, die jeweils die Maximierung der Zahl der Wähler und Konsumenten anstreben. Sie nehmen durch Konsens- bzw. Konfliktorientierung großen Einfluss auf den Grad der Politisierung des Themas. Konsensorientierung (wie in der Anwerbepolitik in Westdeutschland 1955 bis 1973) schafft günstige Voraussetzungen für Zuwanderung. Politisierung und vor allem Polarisierung hingegen bilden meist den Hintergrund restriktiver Regelungen (wie des Asylkompromisses der Jahre 1992/93). Linksorientierte Parteien treten meist für die Gewährung von Bleiberechten und politischen Rechten von Zuwanderern ein – nicht zuletzt, weil sie deren Wählerpotential im Blick haben. Rechte Parteien nutzen Zuwanderung häufig dazu, skeptische oder ablehnende Haltungen in der Bevölkerung aufzugreifen und zu verstärken und damit Zustimmung zu generieren. Sie profitieren von politischer Polarisierung. Bürgerliche Parteien sehen sich dem Druck von Unternehmensverbänden ausgesetzt, aber auch von Kirchen, die bei christdemokratischen Parteien auf die

Verpflichtung zur christlichen Nächstenliebe («Was ihr für einen meiner geringsten Brüder getan habt, das habt ihr mir getan», Mt 25,40) drängen.

Hinzu kommen gesellschaftliche Akteure (Flüchtlingsinitiativen, Wohlfahrtsverbände, Kirchen), die sich als Sprachrohr von Migranten verstehen. Die Existenz ihrer Klientel sichert ihnen öffentliche Mittel und Arbeitsplätze. Auch Flüchtlinge und Migranten organisieren sich, um ihre Interessen zu vertreten. Migrantenselbstorganisationen werden mittlerweile auch staatlich mitfinanziert.

Die föderale Struktur in Deutschland gibt den Ländern die Möglichkeit, mitzuregieren und als «Vetospieler» aufzutreten. Über den Bundesrat wirken sie maßgeblich an der Gesetzgebung mit und können bei entsprechenden parteipolitischen Konstellationen eine Blockadepolitik betreiben oder auf die Gesetzesinhalte erheblichen Einfluss ausüben. Im Rahmen der Politikverflechtung war und ist die Länderebene deshalb an den politischen Auseinandersetzungen zur Ausländerpolitik der zurückliegenden Jahrzehnte (nicht nur über die Konferenz der Innenminister und -senatoren) maßgeblich beteiligt – obwohl dem Bund die ausschließliche Gesetzgebungskompetenz zukommt. Im Jahr 2007 hat sich ein weiterer Akteur konstituiert: die Integrationsministerkonferenz. Hier kommt es zu erheblichen Überschneidungen mit den Kompetenzen der Innenminister, was zu Rivalitäten und Konkurrenzen beiträgt.

Durch ihre Verwaltungskompetenz (Art. 83f. GG) sind die Länder auch hinsichtlich der Praxis der Implementation von Gesetzen wichtige Akteure. Durch die Art und Weise der Umsetzung des Asyl- und Ausländerrechts (und der damit verbundenen Spielräume) können damit auch die Länder Wanderungsbewegungen beeinflussen. Zwar verfügt die Bundesregierung über das Recht «allgemeine Verwaltungsvorschriften» zu erlassen (Art. 85, Abs. 2 GG) und hat davon regelmäßig Gebrauch gemacht. Allerdings müssen ihnen die Länder (der Bundesrat) zustimmen. Auch allgemeine Verwaltungsvorschriften lassen regelmäßig erhebliche Gestaltungsmöglichkeiten der Verwaltungspraxis zu. Diese Gestaltungsspielräume werden von den

Ländern aktiv genutzt – mittels eigener Erlasse: etwa bei der Versorgung und Unterbringung von Asylbewerbern, beim Vollzug der Ausreisepflicht abgelehnter Asylbewerber und bei der Handhabung der Kontrollpflichten beim Umgang mit Personen, die sich illegal im Land aufhalten. Hier zeigen sich – meist entlang parteipolitischer Linien – erhebliche Diskrepanzen. Die ausländerrechtliche Praxis ist zwischen den Ländern immer stärker auseinandergefallen: Der rot-grüne Senat der Freien Hansestadt Bremen etwa hält sich zugute, die Zahl der Abschiebungen fast auf null reduziert zu haben (durch Nicht-Vollzug des restriktiven Teils des Ausländerrechts). Ähnliches gilt für das rot-grün regierte Niedersachsen. Die CSU-geführte bayerische Staatsregierung hingegen setzt alles daran, ihre intensiven Bemühungen zur Beendigung von Aufenthalten einer breiten Öffentlichkeit bekannt zu machen. Auf diese Weise hängen die Aufenthaltsperspektiven nach abschlägigem Bescheid durch das Bundesamt wesentlich vom Bundesland ab, in dem sich der betroffene Ausländer aufhält. Das gilt u. a. für die «Wintererlasse», die vorsehen, «keine Abschiebungen in Staaten durchzuführen, in denen durch die herrschenden winterlichen klimatischen Verhältnisse nicht gewährleistet werden kann, dass Betroffene bei Rückkehr in allen Landesteilen eine Aufnahme in Sicherheit und Würde erwartet», wie es im Erlass des Landes Schleswig-Holstein heißt. Damit, so die Kritik, seien insbesondere für Personen aus den Westbalkanstaaten Anreize geschaffen worden, Asylanträge zu stellen – wohlwissend, dass sie kaum Aussicht auf Erfolg haben. Wurde der Antrag im Herbst gestellt (und abgelehnt) konnte dann über einen Winterabschiebestopp ein mehrmonatiger Aufenthalt in Deutschland erreicht werden.

Transparente Regeln und gute Gesetze sind das eine – die Implementation dieser Gesetze, Verordnungen etc. das andere. In den postsozialistischen Transformationsstaaten etwa oder in Griechenland mussten und müssen erst leistungsfähige Verwaltungen aufgebaut werden. In Deutschland vollziehen immer weniger Länder und Gemeinden geltendes Asyl- und Ausländerrecht. Das kann mehrere Ursachen haben: die Überregulierung des Ausländerrechts, eine unzureichende Personalausstattung der zuständigen Behörden (Ausländerämter, Verwaltungsgerichte) sowie mangelnder politischer Wille, die Ausreisepflicht auch gegen Kritik in den Medien und von zahlreichen Nichtregierungsorganisationen durchzusetzen. Die gegenwärtige Lage ist dadurch gekennzeichnet, «dass man sich mit der Anwendung des überkomplexen Aufenthaltsrechts in einem ausgefeilten rechtsstaatlichen Verfahren mit personell unterbesetzten Verwaltungen, endlosen Gerichtsverfahren und einem schwindenden Vollzugswillen am Rande des Systeminfarkts bewegt» (Klos: Ausländerrecht, S. 135).

Rechtsgrundlagen

Nationales Recht, das Recht der EU (Unionsrecht) und das Völkerrecht gehören zu den Rechtsquellen des Ausländer- und Asylrechts in Deutschland. Das Grundrecht auf Asyl nach Art. 16 a Abs. 1 GG ist die mit Abstand bekannteste nationale Rechtsgrundlage für Asyl in Deutschland. Es ist ein individuelles Grundrecht, das einzige, das ausschließlich Ausländern zusteht. Gleichzeitig ist es inzwischen die am geringsten genutzte Grundlage, nach der eine Flüchtlingseigenschaft zuerkannt wird. Durch den Asylkompromiss der Jahre 1992/93 wurden die Möglichkeiten, sich darauf zu berufen, stark eingeschränkt. Flüchtlinge, die aus einem «sicheren Drittstaat» einreisen, in dem sie hätten Schutz finden können, können sich seitdem nach Art. 16 a Abs. 2 Grundgesetz nicht mehr auf den Schutz des Asylrechts berufen. Sichere Drittstaaten sind alle Mitgliedstaaten der EU sowie Norwegen und die Schweiz, die die GFK und die Konvention zum Schutze der Menschenrechte und Grundfreiheiten ratifiziert haben. Wer über einen solchen Staat einreist, sollte ausgewiesen werden können, ohne dass dagegen Rechtsmittel eingelegt werden können.

Die Bundesrepublik Deutschland ist umgeben von einer Pufferzone solcher Staaten, in die zurückgewiesen werden kann, wer über sie eingereist ist. Eine Verpflichtung zu einem Asylverfahren ist lediglich dann gegeben, wenn ein Antragsteller auf der Grundlage eines Visums, auf dem Luftweg oder illegal ins Land gekommen ist. Für die Einreise per Flugzeug gilt das Flughafenverfahren. Es ist in § 18 a Asylgesetz geregelt und sieht ein Verfahren vor der Einreise nach Deutschland im Transitbereich des Flughafens vor. Das Recht auf Asyl gilt weiterhin, allerdings wird der Zugang zum Territorium, auf dem ein Asylantrag gestellt werden kann, soweit es geht erschwert.

Der Asylkompromiss war tatsächlich ein Zuwanderungskompromiss. CDU/CSU, SPD und FDP hatten sich 1992 nicht nur auf die Einschränkung des Asylrechts verständigt, sondern auch auf eine Regulierung und Beschränkung des Zuzugs von Aussiedlern und auf die Schaffung eines eigenen Status für Kriegs- und Bürgerkriegsflüchtlinge, womit das Asylverfahren entlastet wurde. Entscheidend war: Das deutsche Asylverfahren wurde durch die Neuregelung entlastet. Und: Mit der Regelung der «sicheren Drittstaaten» wurde die Grundlage für eine gegenseitige Anerkennung von Asylentscheidungen und für die Harmonisierung von Verfahren innerhalb der Staaten des Schengen-Raums und der Dublin-Vertragsstaaten geschaffen. Das «gegenseitige Vertrauen darauf, dass die nationalen Asylrechtsstandards trotz der im einzelnen bestehenden Unterschiede in ihrem Kerngehalt rechtsstaatlichen Mindestanforderungen genügen und insofern gleichwertig sind» (Hailbronner/Thiery: Schengen II, S. 56), wurde allerdings erschüttert, als die Europäischen Gerichtshöfe im Jahr 2011 Überstellungen nach Griechenland wegen grundlegender «systematischer Mängel» untersagten und damit aus dem Dublin-Verfahren herausnahmen.

Die Flüchtlingseigenschaft der GFK wird nach § 3 Abs. 4 und 1 des Asylgesetzes und § 60 Abs. 1 Aufenthaltsgesetz zuerkannt. Durch die Vergemeinschaftung des Asylrechts im Rahmen des GEAS wird nationales Recht mittlerweile von europäischem Recht überformt und geprägt. So definiert die Qualifikationsrichtlinie die Kriterien für die Gewährung von Flüchtlingsschutz. Schließlich werden noch nationale Abschiebungsverbote geprüft (§ 60 Abs. 5 und 7 Aufenthaltsgesetz). Sie beziehen sich zum einen auf die EMRK, vor allem wenn die Gefahr der unmenschlichen oder erniedrigenden Behandlung oder Bestrafung besteht, aber auch bei Verletzung der Religionsfreiheit. Zum anderen wird die Gefahr geprüft, ob eine wesentliche Verschlechterung einer bestehenden Erkrankung infolge fehlender oder nicht ausreichender Behandlung im Zielstaat droht.

Insgesamt sind in den zurückliegenden 15 Jahren die materiellen Voraussetzungen für die Anerkennung als Schutzberechtigter grundlegend erweitert worden. Dazu gehören die nichtstaatliche Verfolgung (wie durch Bürgerkriegsparteien) und die geschlechtsbezogene Verfolgung (aufgrund sexueller Orientierung oder der Diskriminierung von Frauen).

Verfahren – Dauer und Beschleunigung

Asylanträge müssen in Deutschland beim Bundesamt für Migration und Flüchtlinge gestellt werden. Das BAMF mit Sitz in Nürnberg hat mittlerweile 40 Außenstellen, bei denen die Anträge zu stellen sind. Der Schutzsuchende wird zunächst an eine nächstgelegene «Erstaufnahmeeinrichtung» verwiesen, die vom jeweiligen Bundesland betrieben wird. Dort muss er sechs Monate wohnen (Personen aus sicheren Herkunftsstaaten müssen bis zur Entscheidung über den Asylantrag, bei Ablehnung bis zur Ausreise dort untergebracht sein). Die Erstverteilung erfolgt auf der Grundlage eines Quotensystems («Königsteiner Schlüssel») auf die Länder. Ist das zuständige Land ermittelt, muss sich der Schutzsuchende bei der Aufnahmeeinrichtung melden, wo er untergebracht und versorgt wird.

Der Asylantrag muss persönlich beim Bundesamt gestellt werden. Dort erfolgt auch die erkennungsdienstliche Behandlung. Hiermit kann festgestellt werden, ob der Antragsteller schon einmal (möglicherweise unter anderem Namen) einen Antrag gestellt hat. Erfolgt ein Eurodac-Treffer, kann ein Dublin-Verfahren eingeleitet und geklärt werden, ob ein anderer europäischer Staat für das Verfahren zuständig ist. Im Zuge der Antragstellung wird ein Ausweisdokument, die Aufenthaltsgestattung, ausgestellt. Damit verbunden ist ein vorläufiges Bleiberecht für die Dauer des Asylverfahrens. Es ist räumlich beschränkt auf den Bezirk der zuständigen Ausländerbehörde, in dem die zuständige Aufnahmeeinrichtung liegt.

Dem Antragsteller kann entweder Asyl, Flüchtlingsschutz im Sinne der GFK oder internationaler subsidiärer Schutz zugesprochen werden, oder der Antrag wird abgelehnt. Bei negativem Ausgang erlässt das Bundesamt eine Abschiebungsandrohung mit einer Ausreisefrist von einer oder von vier Wochen. Das Bundesamt prüft zudem, ob zielstaatsbezogene, und die Ausländerbehörde, ob personenbezogene Abschiebehindernisse vorliegen. Danach regeln die Länder, ob ein Aufenthaltstitel erteilt wird oder ob Maßnahmen ergriffen werden, um den Aufenthalt zu beenden. Wenn kein Aufenthaltstitel erteilt wird, eine vollziehbare Ausreisepflicht vorliegt, aber eine Abschiebung aus rechtlichen oder tatsächlichen Gründen unmöglich ist, besteht ein Anspruch auf zeitweise Aussetzung der Abschiebung durch Erteilung einer Duldung.

Sowohl ein Asylberechtigter als auch eine Person, der die Flüchtlingseigenschaft zuerkannt worden ist, haben Anspruch auf eine Aufenthaltserlaubnis für die Dauer von drei Jahren. Subsidiären («hilfsweisen») Schutz erhalten jene, die die Voraussetzungen für die Anerkennung als Flüchtling nicht erfüllen, bei denen also «keine Kausalbeziehung zu einem Fluchtgrund» besteht (Markard: Kriegsflüchtlinge, S. 307), dennoch aber stichhaltig geltend machen können, dass ihnen im Herkunftsland «ernsthafter Schaden» droht. Dazu gehören die Verhängung oder Vollstreckung der Todesstrafe, Folter, unmenschliche oder erniedrigende Behandlung oder Bestrafung sowie eine ernsthafte individuelle Bedrohung des Lebens oder der Unversehrtheit einer Zivilperson infolge willkürlicher Gewalt im Rahmen eines internationalen oder innerstaatlichen bewaffneten Konflikts.

Zwar gilt dies als der «schwächste» Schutzstatus, dennoch sind die Rechte dieses Personenkreises inzwischen gestärkt worden. So erhalten sie auch eine Aufenthaltserlaubnis, allerdings nur für die Dauer von einem Jahr (sie kann um zwei Jahre verlängert werden). Asylberechtigte, anerkannte Flüchtlinge und subsidiär Schutzberechtigte sind gleichgestellt, was die Aus-

Bereinigte Schutzquoten in Deutschland

Gesamt	2014	2013	2012	2011	2010
	48,5%	39,3%	29,3%	29,0%	27,6%
Nach Herkunftsländern					
Syrien	99,9%	99,7%			
Eritrea	98,4%	95,5%			
Irak	88,7%	60,9%			
Somalia	74,1%	72,4%			
Serbien	0,3%	0,3%			
Bosnien-Herzegowina	0,4%	0,9%			
Mazedonien	0,4%	0,4%			
Kosovo	2,2%	2,1%			

Quelle: Antwort der Bundesregierung auf die Kleine Anfrage der Abgeordneten Ulla Jelpke […] und der Fraktion DIE LINKE, BT-Drs. 18/3850 vom 28.1.2015, S. 4f.

übung einer Erwerbstätigkeit anlangt. Der Nachzug von Familienangehörigen (Ehepartnern, minderjährigen Kindern) ist seit dem Bleiberechtsgesetz auch für Personen mit subsidiärem Schutzstatus möglich. Anerkannte Flüchtlinge haben Anspruch auf Teilnahme an einem Integrationskurs.

Die bereinigte Gesamtschutzquote, also der Anteil der Anträge an allen Anträgen, die vom Bundesamt inhaltlich (nicht rein formell erledigt) positiv entschieden wurden, lag 2014 bei 48,5 Prozent. Flüchtlingsschutz nach der GFK erhielten 37,1 Prozent, subsidiären Schutz 6,2 Prozent, Asylberechtigung 2,7 Prozent, Abschiebungsverbote wurden in 2,5 Prozent der Fälle ausgesprochen. Weitere 10,5 Prozent konnten Flüchtlingsschutz bei den Verwaltungsgerichten einklagen, so dass fast 60 Prozent der Verfahren, die inhaltlich entschieden werden, mit einem Bleiberecht, das zeitlich befristet sein kann, enden.

Wird der Antrag auf Schutzgewährung abgelehnt, können ein Folgeantrag gestellt und «Nachfluchttatbestände» geltend gemacht werden. Dabei handelt es sich um Fluchtgründe, die erst nach der Flucht eingetreten sind – seien sie durch Umstände im Heimatland, auf die der Schutzsuchende keinen Einfluss hatte (wie ein Regimewechsel), verursacht oder selbstverursacht (beispielsweise durch politisches Engagement). Letztere werden allerdings nur in Ausnahmefällen anerkannt. Wird ein Folgeantrag abgelehnt, kann dagegen innerhalb von zwei Wochen Klage erhoben werden. Sie hat allerdings für eine eventuelle Abschiebung keine aufschiebende Wirkung. Um diese zu erreichen, müsste ein Eilantrag beim Verwaltungsgericht gestellt werden.

Der Anteil der Folgeanträge ist in den vergangenen Jahren tendenziell gesunken (von 36,8 % im Jahr 2007 auf 14,7 % im Jahr 2014). Drei Viertel aller 30 000 Folgeanträge wurden 2014 von Personen aus fünf Herkunftsländern gestellt: Serbien, dem Irak, Mazedonien, Bosnien und Herzegowina und dem Kosovo.

Gegen die Entscheidung des BAMF kann der Antragsteller klagen. Zuständig sind in erster Instanz die Verwaltungsgerichte der Länder. Wird eine Berufung zugelassen, kann vor dem Oberverwaltungsgericht in zweiter Instanz geklagt werden. Wird eine Revision zugelassen, kann das Bundesverwaltungsgericht angerufen werden. Danach können Verfassungsbeschwerde beim Bundesverfassungsgericht eingelegt oder der EGMR angerufen werden. Gegen mehr als jeden zweiten ablehnenden Bescheid (55,8 %) wurde 2014 geklagt. Nach Angaben des BAMF wurden im Jahr 2014 durch Verwaltungsgerichte, Oberverwaltungsgerichte bzw. Verwaltungsgerichtshöfe sowie das Bundesverwaltungsgericht insgesamt 44 478 Entscheidungen in Asylgerichtsverfahren (beklagte Entscheidungen zu Erst- und Folgeantragsverfahren, Widerrufsprüfverfahren sowie Wiederaufgreifensanträgen) getroffen. Ende des Jahres 2014 waren rund 53 000 Verfahren anhängig. Angesichts dieses Prozessaufkommens sind die Verwaltungsgerichte zunehmend belastet. Das Personal, das vor dem Hintergrund der Bewältigung der Verfahren der Bürgerkriegsflüchtlinge in den 1990er Jahren eingestellt worden war, ist inzwischen wieder abgebaut worden. Verlängerte Verfahrensdauern sind die Folge.

Die Debatte um einen Bearbeitungsstau bei den Asylverfahren wird seit mehreren Jahrzehnten geführt. Bereits in den 1970er Jahren zeichnete sich ein Muster ab, das sich nun – 35 Jahre später – wiederholt: Die Antragszahlen stiegen an,

Anerkennungsquoten nach Rechtsgrundlagen

Rechtsgrundlagen	Anerkennungen in % 2013	Anerkennungen in % 2014
Asyl	1,8	2,7
Flüchtlingsschutz	19,5	37,1
Subsidiärer Schutz	18,0	6,2
Abschiebungsverbote	4,7	2,5
Gesamt	39,3	48,5

Quelle: Antwort der Bundesregierung auf die Kleine Anfrage der Abgeordneten Ulla Jelpke [...] und der Fraktion DIE LINKE, BT-Drs. 18/3850 vom 28.1.2015, S. 4f.

Politik und Verwaltung stellten nicht rechtzeitig zusätzliche Mittel (vor allem Personal) zur Verfügung. Damit waren die Voraussetzungen für die Bewältigung stark ansteigender Zugänge in der Folgezeit denkbar schlecht. Gesetze zur Beschleunigung und Vereinfachung von Verfahren (1978 und 1980) konnten zu einem Abbau des weiter ansteigenden Bestands an unbearbeiteten Anträgen nicht beitragen.

Seit 2011 sind stark steigende Rückstände bei der Bearbeitung von Asylanträgen beim BAMF festzustellen. Lagen sie Ende 2013 bei 96 000, waren es ein Jahr später schon 169 000. Im Juli 2015 beliefen sich die Rückstände auf 238 000 Asylanträge, im Oktober auf 328 000, Tendenz steigend. Seit 2009 ist somit ein Anstieg um das Zehnfache erfolgt. Damit schiebt die Bundesrepublik Deutschland mehr unerledigte Verfahren vor sich her als alle anderen EU-Länder zusammen. Diese Entwicklung ist in erster Linie darauf zurückzuführen, dass seit 2013 die meisten Flüchtlinge innerhalb der EU den Asylantrag in Deutschland stellen. Zusätzliches Personal wurde zu spät, zu zögerlich und nicht im erforderlichen Umfang zur Verfügung gestellt. Hinzu kommt: Verwaltungspersonal, das als Entscheider beim Bundesamt tätig sein kann, lässt sich nicht beliebig ad hoc zu tausenden rekrutieren. Hier wäre deshalb in besonderer Weise vorausschauendes politisches Handeln vonnöten gewesen. Bis die 3000 zusätzlichen Verwaltungsmitarbeiter, für die

die Mittel im Oktober 2015 vom Bundestag beschlossen wurden, tatsächlich an ihren Schreibtischen beim Bundesamt sitzen, werden noch viele Monate vergehen.

Das Bundesamt für Migration und Flüchtlinge ist verpflichtet, drei Jahre nach der unanfechtbaren Asylanerkennung zu überprüfen, ob die Voraussetzungen noch gegeben oder inzwischen weggefallen sind. Im Jahr 2014 wurden 16 061 derartige Verfahren angestrengt. Ein Widerruf des Schutzstatus erfolgte nur in 768 Fällen (4,7 %). Von Januar bis August 2015 lag die Widerrufsquote bei nur 2,7 Prozent. Bündnis 90/Die Grünen fordern, das Gesetz zu ändern und die Verpflichtung zu Widerrufsverfahren zu streichen.

Die Dauer der Verfahren ist ein zentrales Thema der Flüchtlingspolitik. In den gesetzlichen Regelungen wird eine Verfahrensdauer von höchstens drei Monaten unterstellt, auch im Koalitionsvertrag von CDU/CSU und SPD aus dem Jahr 2013 wird diese Dauer als Ziel formuliert. So sind Antragsteller verpflichtet, bis zu sechs Wochen, längstens bis zu drei Monate in den Erstaufnahmeeinrichtungen der Länder zu verbringen. Sie sollen in dieser Zeit den Behörden uneingeschränkt für die Verfahren zur Verfügung stehen. Danach werden sie innerhalb der Länder auf die Gemeinden verteilt.

Bevor das Verfahren überhaupt startet, also die erste Anhörung stattfindet, vergehen zunächst einmal durchschnittlich 3,8 Monate. Hinzu kommt dann der Zeitraum für das Verfahren als solches. 2014 waren es 7,1 Monate, die ein Verfahren beim BAMF durchschnittlich dauerte. Im Jahr 2015 konnte die Verfahrensdauer auf 5,3 Monate im Schnitt gesenkt werden.

Dabei gibt es erhebliche Unterschiede zwischen den Herkunftsländern: Antragsteller aus Pakistan mussten 15,7 Monate, aus dem Iran 14,5 und aus Afghanistan 13,9 Monate auf eine Entscheidung warten. Anträge aus Serbien, Bosnien-Herzegowina und Albanien dauerten zwischen drei und vier Monaten. In diese Berechnungen fließen allerdings auch Fälle ein, in denen keine Anhörung stattfindet, also ist die tatsächliche Wartezeit bis zur Entscheidung höher. Bis zu einer rechtskräftigen Entscheidung (also einschließlich der Gerichtsverfahren) lag die

Dauer anhängiger Verfahren, Stand: 30.6.2015

Bis zu 3 Monaten	über 3	über 6	über 12	über 18
77 129 Verfahren	160 748	113 596	57 443	31 107

Bearbeitungsdauer im ersten Halbjahr 2014 durchschnittlich bei 11,1 Monaten. Bei Antragstellern aus Afghanistan bei 21,7 Monaten, aus Pakistan bei 19,9 und aus dem Iran bei 18,6 Monaten. Antragsteller aus Albanien, Bosnien-Herzegowina und Mazedonien warteten zwischen fünf und sieben Monaten.

Beschleunigte Verfahren sind für syrische Flüchtlinge, für die Minderheiten der Christen, Mandäer und Yeziden aus dem Irak (seit November 2014) und für Eriträer (seit Juni 2015) eingeführt worden. Sie erhalten in der Regel die Flüchtlingseigenschaft zuerkannt. Anstelle von Einzelgesprächen tritt damit das Ausfüllen eines Fragebogens, wofür das Bundesamt Dolmetscher bereithält. Der Entscheider trifft seine positive Entscheidung auf Grundlage der Akten und des Fragebogens. Kommen Zweifel auf, wird persönlich angehört. Vorrangig bearbeitet werden zudem Verfahren aus den Westbalkanstaaten.

Die Regelung zu «sicheren Herkunftsstaaten» war Bestandteil des Asylkompromisses der Jahre 1992/93. Art.16 a Abs. 3 GG lautet: «Durch Gesetz, das der Zustimmung des Bundesrates bedarf, können Staaten bestimmt werden, bei denen auf Grund der Rechtslage, der Rechtsanwendung und der allgemeinen politischen Verhältnisse gewährleistet erscheint, dass dort weder politische Verfolgung noch unmenschliche oder erniedrigende Bestrafung oder Behandlung stattfindet.»

In einem Anhang zum Asylgesetz sind als sichere Herkunftsstaaten aufgeführt: Bosnien und Herzegowina, Mazedonien, Serbien, Ghana und Senegal. Mit dem Asylverfahrensbeschleunigungsgesetz sind Albanien, Kosovo und Montenegro hinzugefügt worden. Insgesamt verfügen zwölf Mitgliedstaaten der EU über solche Listen. Die Kommission hat eine gemeinsame Liste der EU vorgeschlagen – auf der zusätzlich zu den sechs Westbalkanstaaten die Türkei enthalten ist.

Die Einstufung von Staaten als «sichere Herkunftsländer» hat zur Folge, dass die Anträge schneller als «offensichtlich unbegründet» eingestuft werden können. Dabei handelt es sich um eine widerlegbare Vermutung. Asylantragsteller aus diesen Ländern werden ebenfalls von Entscheidern angehört und haben die Möglichkeit, in ihrem Fall zu begründen, dass eine Verfolgungssituation gegeben ist. Nach der Einstufung von Bosnien und Herzegowina, Mazedonien und Serbien im November 2014 blieben die Anerkennungsquoten unverändert. Als konkretes Ergebnis wird eine Beschleunigung der Verfahren – vor allem bei den Verwaltungsgerichten angegeben.

Vollzugsdefizite

In westlichen Gesellschaften haben Zuwanderer, die einmal deren Territorium erreicht haben, große Chancen, dauerhaft oder zumindest über längere Zeiträume bleiben zu können – auch wenn sie keinen legalen Status zugesprochen bekommen. Das hat verschiedene Ursachen: die Möglichkeit, unterzutauchen und sich illegal aufzuhalten (meist mit Hilfe ethnischer Netzwerke), lang andauernde rechtsstaatliche Verfahren (Rechtswegegarantie) bis hin zu Vollzugsdefiziten. Sie haben dazu geführt, dass ein großer Teil der abgelehnten Asylbewerber nicht in das Herkunftsland zurückgebracht wird. Die EU-Kommission geht davon aus, dass innerhalb der EU im Jahr 2013 nur 39,2 Prozent der Ausweisungsverfügungen tatsächlich umgesetzt wurden (Europäische Kommission: Migrationsagenda, S. 12). Als Reaktion darauf wurden in den zurückliegenden Jahren Angebote der Rückkehrberatung sowie von Rückkehrförder- und Reintegrationsmaßnahmen ausgebaut. Darüber werden Reisekosten, aber auch Starthilfen finanziert. Im Jahr 2014 haben 13 600 Personen freiwillig und mit Förderung Deutschland wieder verlassen.

Immer wieder wird behauptet, die Bundesrepublik Deutschland sei ein Einwanderungsland und müsse sich als solches verhalten. Daniel Thym hat dazu einen Vergleich mit den Vereinigten Staaten von Amerika angestellt. Dort erfolgten im Jahr

2013 rund 438 000 Abschiebungen, in Deutschland waren es 18 000. In den USA wurden somit rund 1380 Personen pro eine Million Einwohner abgeschoben, in Deutschland 219 Personen (ein Sechstel) (Thym: Stellungnahme, S. 9).

Die Gründe für den mangelnden Vollzug des Ausländerrechts sind vielfältig: Die allermeisten Ausländerbehörden sind personell deutlich unterbesetzt. Allein die Zahl der Asylbewerber hat in Deutschland zwischen 2009 und 2014 um 600 Prozent zugenommen. Die Entwicklung des Personalbestands hat mit dem starken Anstieg nicht mitgehalten – im Gegenteil, meist ist der Personalbestand gleichgeblieben oder zurückgegangen. «Damit kann der Vollzug aufenthaltsbeendender Maßnahmen nicht mehr ansatzweise in angemessenem Umfang erfolgen.» (Bericht Vollzugsdefizite, S. 7) Asylverfahren sind in Deutschland komplexe Prozesse. Sie an einer Stelle zu beschleunigen und an anderen Stellen durch «Nadelöhre» zu führen und damit stark zu verlangsamen, ist weder verwaltungsökonomisch noch politisch sinnvoll. Deshalb sind handlungsfähige Ausländerbehörden ein unverzichtbares Element effizienter Verfahren. Selbst wenn sich Länder und Kommunen kurzfristig entschlössen, die Ausländerbehörden personell aufgabengerecht auszustatten, würde sich das erst nach einem Vorlauf von ein bis zwei Jahren auswirken.

Verwaltungen und politisch Verantwortliche stehen unter dem politischen Druck von Nichtregierungsorganisationen, die zwangsweise Rückführungen grundsätzlich unterbunden sehen möchten. Eine strukturelle Benachteiligung der staatlichen Institutionen (Justiz und Exekutive) hinsichtlich einer wirksamen Argumentation in der öffentlichen Auseinandersetzung kommt erschwerend hinzu. In der öffentlichen Kommunikation über den Vollzug ausländer- oder asylrechtlicher Entscheidungen besteht eine Asymmetrie: Die staatlichen Akteure (Vertreter der Ausländerbehörde, des Innenministeriums) stehen einer Vielzahl zivilgesellschaftlicher und parteipolitischer Akteure gegenüber. Hinsichtlich der inhaltlichen Argumentation sind die Vertreter der Exekutive eingeschränkt, weil sie die Pflicht haben, nicht zusätzliche Nachfluchtgründe zu schaffen. Hinzu kommt die Bereitschaft der Medien, «formal-rechtlichen» Argumentationen weniger Raum zu geben als moralisch hoch aufgeladenen: Wenn behauptet wird, eine vorgesehene Abschiebung führe zum sicheren Tod des Betroffenen, und in jedem Fall müsse doch über «Recht und Gesetz» die «Menschlichkeit» stehen, dann ist die Auseinandersetzung meist an einem Punkt angekommen, an dem Hinweise auf rechtsstaatliche Verfahren, in denen die humanitären Aspekte eingehend geprüft wurden, nur noch auf Unverständnis stoßen oder als Zynismus gewertet werden. Die Frage der Zuwanderung wird auf diese Weise immer mehr dem Willen des Gesetzgebers sowie rechtsstaatlichen Verfahren entzogen. An dessen Stelle setzen sich Nichtregierungsorganisationen, denen es an demokratischer Legitimation fehlt. Schließlich: Die Anforderungen an die Ermessens- und Vollzugsentscheidungen sind sehr hoch, schließlich stellen zwangsweise Rückführungen einen tiefen Einschnitt in das Leben der Betroffenen dar. Für diese Aufgaben bedarf es hochspezialisierter Fachkräfte.

In 73 Prozent der laufenden Asylverfahren gaben die Betroffenen an, über keine Identitätsdokumente zu verfügen (Stand 1.1.2015). Verfahren sind dann besonders komplex und schwierig, wenn Ausreisepflichtige ihre Identität verschleiern, also keine oder bewusst falsche Angaben zur Person, Herkunft und Staatsangehörigkeit machen und sich damit ihrer Mitwirkungspflicht bei der Identitätsklärung verweigern. Sie versuchen damit, ein Bleiberecht zu erzwingen. Nach dem Aufenthaltsgesetz ist ein solches Vorgehen strafbar (Strafandrohung Geldstrafe oder bis zu drei Jahren Freiheitsstrafe). Von den Staatsanwaltschaften und Gerichten wird allerdings meist ein Strafverfolgungsinteresse bestritten, so dass die Identitätsverschleierung folgenlos bleibt. Wer über Jahre die Behörden über seine Herkunft getäuscht und damit einen Vollzug der Ausreisepflicht verhindert hat, erhält nach dem Bleiberechtsgesetz 2015 dann eine Aussicht auf legalen Aufenthalt, wenn er seine Verweigerungshaltung aufgibt und seine Identität preisgibt. Für zusätzliche Hürden sorgen zudem Herkunftsländer, die ihrer völkerrechtlichen Verpflichtung, eigene Staatsangehörige zurückzunehmen, nicht nachkommen.

Das Ins-Leere-Laufen staatlicher Entscheidungen trägt zu einer ablehnenden Haltung innerhalb der Bevölkerung bei. «Folgenlose Ablehnungsbescheide der Behörden und Gerichte diskreditieren die gesamte Asylpraxis. [...] Sie schmälern die Bereitschaft der Bevölkerung zur Aufnahme Schutzbedürftiger [...]», stellte die Zuwanderungskommission der Bundesregierung 2001 fest.

Ein weiterer Anziehungsfaktor sind die 2015 sprunghaft gestiegenen Leistungen nach dem Asylbewerberleistungsgesetz, das Bestandteil des Asylkompromisses war. Wesentliche Regelungen wurden vom Bundesverfassungsgericht im Jahr 2012 für verfassungswidrig erklärt. Die Geldleistungen wurden seit 1993 nicht mehr erhöht, was mit Wirkung vom 1. März 2015 auf einen Schlag nachgeholt werden musste. Statt 225 Euro monatlich erhalten Flüchtlinge seitdem 352 Euro, durchschnittlich 127 Euro mehr als vor dem Gerichtsurteil. Die Kosten für Wohnung und Heizung werden zusätzlich übernommen. Die Wartefrist – die Zeit, in der Leistungen nach dem Asylbewerberleistungsgesetz gezahlt werden – wurde von 48 Monaten deutlich auf 15 Monate gekürzt. Zukünftig werden also schneller Leistungen entsprechend der Sozialhilfe gewährt.

Legalisierungen unerlaubten Aufenthalts sind Reaktionen auf Staatsversagen. Unerlaubte Einreise wurde nicht verhindert, unerlaubter Aufenthalt nicht durch Ausreise beendet. Die Kontrolle über Einreise und Aufenthalt, wie sie gesetzlich beansprucht wird, wurde nicht durchgesetzt. Legalisierungskampagnen größeren Stils können Instrument der Arbeitsmarktpolitik sein. Spanien, Portugal und Frankreich haben davon regelmäßig Gebrauch gemacht. In Deutschland behelfen sich die Innenminister des Bundes und der Länder seit Jahrzehnten mit Altfall- und Härtefallregelungen, die faktische Legalisierungen darstellen. Damit erhalten auch Personen ein Aufenthaltsrecht, die zur Ausreise verpflichtet sind, keinen Arbeitsplatz besitzen und staatliche Transferleistungen beziehen. Wer sich der Ausreisepflicht möglichst lange erfolgreich entzieht, erhält kraft durchgesetzter Aufenthaltsdauer im Ergebnis doch ein Bleiberecht. Das Gesetz zur Neubestimmung des Bleiberechts und der

Aufenthaltsbeendigung, das am 1. August 2015 in Kraft getreten ist, sieht eine alters- und stichtagsunabhängige Bleiberechtsregelung vor. Es weitet damit die Legalisierungspolitik in Deutschland weiter aus. Das kann politisch gewollt werden – etwa weil ein Aufenthalt auf unsicherer Rechtsgrundlage nicht zu lange währen soll. In Kauf zu nehmen ist allerdings, dass hiermit Anreize zur Einreise gesetzt werden, auch wenn keine Aussichten auf die Anerkennung als Flüchtling bestehen. Eine Arbeitsgruppe «Vollzugsdefizite» von Innenministerien aus Bund und Ländern sieht die Gefahr, «dass die Gewährung eines Aufenthaltsrechts nicht mehr von der Einhaltung bestimmter Regeln abhängt, sondern sich diese Regeln umgekehrt an der Verweigerungshaltung des zur Ausreise verpflichteten Ausländers orientieren» (Bericht Vollzugsdefizite, S. 5).

Der Vollzug des Ausländerrechts ist genuine Aufgabe der Exekutive. Das Trennungsgebot von Legislative und Exekutive als Ausdruck der Gewaltenteilung wird in vielen Fällen durch Härtefallkommissionen verletzt, deren Einrichtung das Aufenthaltsgesetz den Landesregierungen ausdrücklich ermöglicht (§ 23a AufenthG). Davon haben mittlerweile alle Länder Gebrauch gemacht. Die Verfahren sind mittels Landesverordnungen zu regeln. Härtefallkommissionen bieten die Möglichkeit, nach Durchlaufen des Instanzenzuges und trotz eindeutiger Rechtslage letztlich doch noch ein dauerhaftes Bleiberecht zu erreichen und unter Ausschluss des Rechtswegs ablehnende Entscheidungen zu revidieren. Sie haben somit weitergehende Rechte als Petitionsausschüsse der Parlamente. Sie institutionalisieren den ohnehin starken Einfluss demokratisch nicht legitimierter Nichtregierungsorganisationen und geben ihnen eine weitere Möglichkeit, auf die Verfahrensergebnisse Einfluss zu nehmen. Die Einbindung der Flüchtlingsinitiativen und die Entschärfung des Konfliktpotentials war eines der wesentlichen Motive des Gesetzgebers, die Möglichkeit der Einrichtung solcher Kommissionen gesetzlich festzuschreiben. Härtefallkommissionen stellen einen grundlegenden rechtssystematischen Bruch dar. Ein von der Exekutive eingesetztes Gremium hat die Kompetenz, Gerichtsurteile zu kassieren. Sie verkörpern institutionalisiertes Misstrauen gegenüber den Ausländerbehörden, den Gerichten und den geltenden Gesetzen, weil ihre Existenz unterstellt, dass nicht gewissenhaft alle Gründe, die gegen einen Vollzug der Ausreisepflicht sprechen, berücksichtigt worden seien.

Die Wahrscheinlichkeit, selbst bei abgelehntem Antrag längere Zeit bleiben und diese Zeit für die eigenen Ziele nutzen zu können, ist hoch, und das wiederum ist ein Anreiz, es doch mit einer Einreise nach Deutschland zu versuchen. Das «Kalkül des Bleibens» (Müller-Schneider: Zuwanderung, S. 209) geht hier auf. Was wirklich entscheidet, sind die Dauer der Verfahren und tatsächliche Rückführungen bei vollziehbarer Ausreisepflicht. Notwendige Grundlage dafür ist eine aufgabenadäquate Ausstattung aller am gesamten Prozess beteiligten Behörden. Will die Politik Handlungsfähigkeit beweisen, muss sie hier ansetzen.

In der öffentlichen Debatte kommt es immer wieder zu einer Vermischung von Fluchtmigration und arbeitsmarktorientierter Zuwanderung. Immer wieder wurde von Wirtschaftsverbänden gefordert, Pfadwechsel zu ermöglichen, also abgelehnten Asylbewerbern mit geeigneten Qualifikationen den Zugang zum Arbeitsmarkt und damit dann ein Bleiberecht zu eröffnen. Vieles spricht dafür, hier klar zwischen Flüchtlingspolitik und Einwanderungspolitik zu trennen: Flüchtlinge benötigen in erster Linie Schutz. Internationale Normen verpflichten Staaten, Flüchtlingen Schutz zu gewähren (in den Ländern selbst oder durch die Unterstützung von Flüchtlingslagern in unmittelbarer Nähe der Herkunftsstaaten). Diese Verpflichtung gilt gegenüber Personen die schutzbedürftig sind – unabhängig von Alter, Ausbildung oder anderen Kriterien. Einwanderungspolitik unterliegt hingegen zunächst politischen Erwägungen, die Nützlichkeitserwägungen sein können und dürfen. Einwanderungspolitik ermöglicht die gezielte Auswahl unter denen, die kommen wollen, Flüchtlingsschutz verbietet hingegen weitgehend Selektion. Die Vermengung beider Migrationsarten untergräbt das Bewusstsein für die Schutzverpflichtungen gegenüber Flüchtlingen. Darüber hinaus fördert sie Wanderungsanreize, wenn der Eindruck entsteht, unabhängig vom Erfolg oder Misserfolg eines Asylantrags im Zielland arbeiten und bleiben zu können.

Die deutsche Arbeitsmarktpolitik folgt in weiten Teilen dem Ziel der Ausweitung des Arbeitskräftepotentials und nimmt dabei auch Inkonsistenzen in Kauf. Der Zugang zum Arbeitsmarkt für Asylbewerber ist in den zurückliegenden Jahren kontinuierlich erleichtert worden. Die Sperrfrist für den Arbeitsmarkt für Asylbewerber und Geduldete war im Jahr 2014 von neun auf drei Monate verkürzt worden. Angesichts der langen Verfahrensdauer bedeutet dies, dass Personen etliche Monate legal in Deutschland arbeiten können. Ein Asylantrag eröffnet den Weg in den Arbeitsmarkt. Im Ergebnis kann das bedeuten, dass ein abgelehnter Asylbewerber einen Arbeitsplatz erhält, obwohl die Stelle auch mit einem anerkannten Flüchtling besetzt werden könnte.

Aus Staaten des Westbalkans ist legale Arbeitsmigration für Personen ohne berufliche Qualifikation möglich – beschränkt auf die Jahre 2016 bis 2020. Zu den Voraussetzungen gehören ein konkretes Arbeitsplatzangebot und ein Visumantrag aus dem Ausland. Das generelle Leiharbeitsverbot für Ausländer wurde für Asylbewerber und Geduldete gelockert, allerdings muss weiter geprüft werden, ob ein deutscher Staatsangehöriger, ein Unionsbürger oder ein anerkannter Flüchtling bevorrechtigt zur Verfügung steht. Nach einer Frist von 15 Monaten ist eine Beschäftigung in der Leiharbeit grundsätzlich möglich. Mit dieser Regelung werden Ausländer ohne Aufenthaltstitel privilegiert gegenüber ausländischen Staatsangehörigen mit verfestigten Aufenthaltsrechten. Asylbewerbern aus sicheren Herkunftsstaaten, die nach dem 31.8.2015 einen Antrag gestellt haben, ist die Beschäftigung generell untersagt.

Die Regelung des Zugangs zum Arbeitsmarkt unterliegt mehreren Zielkonflikten. Durch schnelleren Zugang sollen die Integration frühzeitig gefördert und Kosten gesenkt werden. Die Betroffenen sollen den eigenen Lebensunterhalt selbst bestreiten können. Dadurch verstärkt sich andererseits auch die Attraktivität Deutschlands als Zielland für neue Migranten. Hinzu kommt: Migrationspolitik als Arbeitsmarktpolitik will einerseits das Arbeitskräftepotential erhöhen (und damit Engpässen entgegenwirken). Andererseits sollen aber auch einheimische Arbeitnehmer (Deutsche und Ausländer) vor Konkurrenz geschützt werden. Dem widerspricht es, die Vorrangprüfung nach 15 Monaten Aufenthalt für Asylbewerber und Geduldete aufzuheben. Damit wird die Konkurrenz zumindest im Niedriglohnsektor zunehmen.

4. Bedingungen gelingender Integration

Grundsätzlich gilt: Die «Integrationsfähigkeit der Bundesrepublik» (§ 1 Abs. 1 S. 2 AufenthG) hängt von *Umfang und Art der Zuwanderung* ab. Die staatliche Steuerung der Zuwanderung ist eine zentrale Voraussetzung gelingender Integration. Je höher das kulturelle Kapital («Humankapital») von Zuwanderern ist, desto unauffälliger und schneller vollzieht sich deren Integration. Je stärker ein Staat nach diesen Kriterien Zuwanderer auswählt (wie die klassischen Einwanderungsländer Kanada und Australien), desto geringer werden die Probleme struktureller Integration sein. Bei Asylmigration kann der Staat hinsichtlich dieser Kriterien aber keine Auswahl vornehmen. Wie sind vor diesem Hintergrund die Chancen zu beurteilen, dass die Integration der Flüchtlinge und Migranten gelingt, die seit 2014 in großer Zahl nach Deutschland gelangen? Was fördert, was hemmt Integration? Als Haltung im Umgang mit den Risiken und den Herausforderungen ist integrationspolitischer Realismus angesagt. Darunter wird eine Herangehensweise verstanden, die sich jenseits von Multikulturalismus auf der einen und kulturpessimistischen Untergangsängsten auf der anderen Seite positioniert. Das Verständnis von Integrationsprozessen und deren Mechanismen ist dabei von zentraler Bedeutung. Konflikte, die den meisten Integrationsvorgängen inhärent sind, werden vor diesem Hintergrund nicht als Zeichen des «Untergangs des Abendlandes» gedeutet, sondern als Herausforderung, die zur Vergewisserung und Überprüfung des eigenen Normengerüsts in Deutschland dienen kann.

Integrationsprozesse

«Integration» ist zur Allerweltsformel geworden. In der politischen Debatte wird der Begriff mit unterschiedlichsten Inhalten und Forderungen gefüllt oder gar vollständig abgelehnt, weil er Ausdruck illegitimer Forderungen an Zuwanderer und damit «repressiv» sei. Jenseits der politischen Debatte wird in der sozialwissenschaftlichen Migrationsforschung zwischen Sozialintegration, struktureller Integration und kultureller Integration unterschieden. Bei der *Sozialintegration* geht es um die Integration der Handelnden in einen gesellschaftlichen Zusammenhang, um ihre Beziehungen zueinander wie um die Eingliederung in das Bildungswesen und den Arbeitsmarkt des Aufnahmelandes. Um sich dort etablieren und erfolgreich Positionen besetzen zu können, sind Wissen, Kompetenzen und Fertigkeiten vonnöten. Sie werden auch im Rahmen von Beziehungen zu den Mitgliedern der Aufnahmegesellschaft (am Arbeitsplatz, in der Nachbarschaft, in Kindergarten und Schule) erworben. Das setzt allerdings die Integration in den Arbeitsmarkt ebenso voraus wie ausreichende Gelegenheitsstrukturen zur Kontaktaufnahme im Alltag mit Einheimischen (und nicht das Leben in einer ethnischen Kolonie, in der sich die alltäglichen Kontakte auf die Angehörigen dieser Kolonie weitestgehend beschränken). Die Beschränkung der Netzwerke auf die eigene ethnisch-soziale Gruppe ist für die Integration in das Bildungswesen und den Arbeitsmarkt von erheblichem Nachteil. Die Einbindung von Eltern und Schülern in interethnische soziale und informelle Netzwerke ist für die Suche nach einer Lehrstelle oder einem Arbeitsplatz von Bedeutung. Unterdurchschnittliche Teilhabe an solchen Netzwerken wirkt sich negativ auf die Chancen der Kinder aus. Umgekehrt erhöht die Einbindung von Jugendlichen in Freiwilligen-Organisationen vor Ort die Chance, einen Ausbildungsplatz zu finden. Insbesondere kleine und mittelständische Betriebe nutzen Netzwerke, um Stellen zu besetzen.

Strukturelle Integration meint die Besetzung von Positionen in Funktionsbereichen wie dem Bildungssystem oder dem Arbeitsmarkt. Von der strukturellen Integration einer Gruppe kann dann gesprochen werden, wenn sich innerhalb dieser Gruppe ähnliche Ungleichheiten wie in der Gesamtbevölkerung abzeichnen, also ähnliche Integrationsindikatoren festzustellen sind wie bei der Aufnahmegesellschaft (Verteilung der Bildungsabschlüsse, Arbeitslosen- und Transferleistungsquoten etc.). Das Ziel von Integrationspolitik besteht dann in der «Chancengleichheit für Deutsche und Zuwanderer in allen Teilräumen des Bundesgebietes. Das Ziel sind gleichwertige regionale Lebensbedingungen für Deutsche und Zuwanderer. [...] Am Ende des Integrationsprozesses sollten dann keine Unterschiede in den Lebenschancen und -bedingungen bestehen, die nur auf den Status ‹deutsch›, oder ‹nicht deutsch›, bzw. eine entsprechende ethnische Herkunft zurückzuführen sind.» (Böltken u. a.: Räumliche Integration, S. 397)

Unter *kultureller Integration* wird der Erwerb von Kompetenzen verstanden, die für die Kommunikation und das Handeln in der Aufnahmegesellschaft nötig sind. Dazu gehört in erster Linie die Sprache. Hinzu kommen Normen und Einstellungen und daraus resultierende Verhaltensweisen. Sind Zuwanderer unter kulturell sehr andersartigen Verhältnissen sozialisiert worden, verlangt kulturelle Integration häufig einen schmerzhaften Anpassungsvorgang, der mit erheblichen Konflikten einhergehen kann. Die mitgebrachten Normen und Wertvorstellungen divergieren häufig von jenen, die mittlerweile in Deutschland dominierend sind. Das gilt in erster Linie für das Thema religiöse Toleranz und für die Gleichberechtigung der Frau. Aus Flüchtlingsunterkünften wird berichtet, dass religiöse Minderheiten unter den Flüchtlingen wie Yeziden und Christen von muslimischen Flüchtlingen schikaniert und als «Ungläubige» beschimpft werden. Dass sie aus diesen Gründen aus ihren Herkunftsländern geflohen sind, macht so eine Situation für die Betroffenen erst recht schwer erträglich. Hinzu kommt, dass islamistische Wortführer versuchen, die Flüchtlinge – soweit es sich um Muslime handelt – für ihre Ziele zu instrumentalisieren. Daraus kann, bei fehlschlagender sozialer und struktureller Integration, die Gefahr islamisch dominierter Parallelgesellschaften entstehen – verbunden mit einem erheblichen Konfliktpotential für das gesellschaftliche Zusammenleben. Die seit Jahrzehnten immer wieder aufflammenden Unruhen in Frankreich und Großbritannien sind das Ergebnis derartiger Prozesse. Deshalb ist es von zentraler Bedeutung, die Weichen für eine erfolgreiche Integration in das Bildungssystem und den Arbeitsmarkt richtig zu stellen und gleichzeitig religiöser Intoleranz und religiösem Hass offensiv und entschieden zu begegnen – in den Schulen, an den Universitäten, in der Rechtsprechung und in den Medien. Konflikten aus dem Weg zu gehen – auch im Schulalltag – wäre genau der falsche Weg. Dazu muss das Lehrpersonal allerdings entsprechend geschult sein und den nötigen Rückhalt der Behörden haben. Eine Personalausstattung der Schulen, die deren zunehmenden Integrationsaufgaben gerecht wird, ist hierzu unverzichtbar.

Die Anerkennung der Rechtsordnung ist die Grundlage inneren Friedens und muss von jedem erwartet werden. Die Akzeptanz des staatlichen Gewaltmonopols und die Absage an jede Form der Selbstjustiz bilden dabei den Kern. Es reicht allerdings nicht aus, dies schlicht zu dekretieren. Der Wille und die Befähigung zur Rechtsbefolgung sind wesentliche Voraussetzungen. Sie hängen ab von den kulturellen Kontexten, aus denen die Menschen stammen und den Normen und Werten, die sie verinnerlicht haben. «Gewaltlegitimierende Männlichkeitsnormen» können die Rechtstreue zumindest erschweren. Der Umgang mit einer hohen Gewaltbereitschaft und Gewaltbelastung in einzelnen muslimisch geprägten Milieus (wie sie auch in rechtsextremen und in Rockermilieus vorzufinden sind) ist eine der größten Herausforderungen. Sich den nötigen Respekt zu verschaffen ist für Lehrer und Polizisten, vor allem für Lehrerinnen und Polizistinnen, häufig eine Überforderung. Sie dürfen damit nicht allein gelassen werden.

Rolle der Religion

Die Rolle der Religion im Integrationsprozess ist ambivalent. Zunächst vermittelt sie in der Fremde Halt und Orientierung. Religiosität nimmt meist zu und erweist sich als einer der stabilsten kulturellen Faktoren für Migranten und deren Nachkommen. Sie trägt zur Ausformung der Identität im Aufnahmeland wesentlich bei. Dadurch führt sie aber auch zu Grenzziehungen. Für die aufnehmende Gesellschaft kann die mitgebrachte und konservierte Religiosität als fremd wahrgenommen werden und soziale Distanz bewirken. Umgekehrt können Migranten ihre religiöse Orientierung selbst zur Abgrenzung von der Aufnahmegesellschaft nutzen. Das islamische Kopftuch verkörpert diese Ambivalenzen: Es kann als Ausdruck religiöser Selbstbestimmung und Identität interpretiert werden, ebenso aber auch als Ausdruck von Abgrenzung oder Diskriminierung von Frauen im Islam.

In der öffentlichen Debatte sind Integrationsprobleme häufig auf die Zugehörigkeit zum Islam zurückgeführt worden. Zeitgeschichtliche Erfahrungen rechtfertigen es allerdings nicht, die Religion im Allgemeinen oder den Islam im Besonderen als Integrationshindernis anzusehen. In Deutschland können dazu die Integrationsbilanzen zweier Gruppen von Zuwanderern aus islamischen Ländern – der Türkei und dem Iran – verglichen werden. Aus der Türkei wurden «Gastarbeiter» für un- und angelernte Tätigkeiten angeworben, woraus ein sozial selektiver Kettenwanderungsprozess entstand, der über Jahrzehnte anhielt. Die Gruppe der Türkischstämmigen und der türkischen Staatsangehörigen (rund 3 Mio.) weist sowohl in der ersten als auch in der zweiten Generation die schlechteste Arbeitsmarktintegration auf. Freundschaftsnetzwerke sind außerordentlich stark auf die eigene Gruppe begrenzt, Deutschkenntnisse sind unterdurchschnittlich.

Rund 100 000 Iraner und Iranischstämmige leben in Deutschland. Aus dem Iran fand eine Fluchtbewegung von Elitenmigranten statt, deren Religiosität relativ gering ausgeprägt und deren Bildungsniveau sehr hoch ist: 81 Prozent von ihnen haben die Hochschulreife im Iran oder in Deutschland erlangt. Von den iranischen Muslimen, die in Deutschland die Schule besuchen, erreichen 63 Prozent die Fachhochschulreife oder das Abitur. Die meisten von ihnen haben sich der deutschen Mittelschicht angepasst. Entscheidend für den Integrationserfolg ist die soziale Herkunft der Eltern, die den Zugang zu Netzwerken, zu kulturellen und ökonomischen Gütern beeinflusst, und nicht die Religionszugehörigkeit. Das deutsche Bildungssystem, das durch einen starken Zusammenhang zwischen sozialer Herkunft der Eltern und dem Bildungserfolg der Kinder gekennzeichnet ist, wirkt sich auch hier nachteilig aus.

Die Religionsausübung und die Orientierung an der Religion sind bei Muslimen verbreiteter als bei der christlich registrierten Bevölkerung. Dies ist einerseits auf die stärkere lebensweltliche Prägung des Islam zurückzuführen, andererseits auf die Situation der Zuwanderer, die in der Fremde Rückhalt an Hergebrachtem suchen. Da die christlichen Kirchen seit Jahrzehnten einen starken Erosionsprozess erleben (steigende Zahl der Kirchenaustritte, sinkende Frequenz des Gottesdienstbesuchs) wird der Islam auch im Zusammenhang mit den Flüchtlingen als Bedrohung wahrgenommen. Religiöse Entfremdung, Ängste und Hass bestimmen in Teilen der Gesellschaft die Wahrnehmung des Islam. Sowohl Christen als auch jene, für die es lediglich wichtig ist, dass die kulturellen Grundlagen Europas auch im 21. Jahrhundert lebendig bleiben, hätten allerdings allen Grund, den Islam als Herausforderung für die eigene Lebensweise und deren (mangelnde) Vitalität zu betrachten.

Die Bedeutung der Kettenwanderung

Asylmigration über große Distanzen hinweg (und nicht nur in ein Flüchtlingslager im Nachbarland) erfolgt meist als Kettenwanderung. Das bedeutet, dass zunächst Pioniere auswandern, die sich im Zielland orientieren und niederlassen. Pioniere sind meist besonders initiative, durchsetzungsstarke Individuen. Das wird an der Zusammensetzung der im Jahr 2014 nach Deutschland gekommenen Asylbewerber deutlich: Sie sind besonders jung (ein Drittel ist jünger als 18 Jahre), zwei Drittel sind Männer. Sie bilden Brückenköpfe, um Familie, Freunde und Landsleute aus der Herkunftsregion nachziehen zu lassen. Die Folge ist: Das Bezugssystem für Zuwanderer ist – historisch betrachtet – meist die eigene ethnische oder religiöse Gruppe im Einwanderungsland. Kettenwanderungen sind dynamische, sich selbst verstärkende Prozesse, die sich durch die Zielstaaten nur in geringem Maße steuern lassen. Entscheidende Voraussetzung für die Kettenwanderung sind Kommunikationsprozesse, Informationsströme und Netzwerke. Im digitalen Zeitalter werden die Informationen in die Netzwerke meist in Echtzeit eingespeist.

Die Art der Wanderung – Individual- oder Kettenwanderung – hat wesentlichen Einfluss auf Motive und Erwartungen von Wanderern und damit auf deren Integrationsverhalten. Einzelwanderer müssen sich sehr viel intensiver auf die Aufnahmegesellschaft einlassen, sich mit ihr sehr viel stärker auseinandersetzen als Gruppenwanderer, die darauf vertrauen können, im Aufnahmeland (zumindest für eine Übergangszeit) auf Netzwerke zurückgreifen zu können. Netzwerke senken Kosten. Mit Hilfe von bereits im Aufnahmeland kundigen Wegbereitern können Suchkosten reduziert und Risiken gemieden werden – etwa bei der Suche nach Wohnungen und Arbeitsplätzen. Die Bedeutung ethnischer Kolonien für die Integration im Aufnahmeland ist umstritten. Entscheidend ist, ob der Aufenthalt in der ethnischen Kolonie eine Durchgangsstation oder eine Sackgasse ist. Die Auswirkungen ethnischer Siedlungsschwerpunkte hängen von weiteren Faktoren ab: von der sozialen Struktur der zugewanderten Gruppe, dem Grad der erreichten institutionellen Vollständigkeit im Siedlungsgebiet sowie von Reaktionen der nicht-zugewanderten Einheimischen. Eine gewisse Gruppengröße ist sowohl in sozialer als auch in wirtschaftlicher Hinsicht Voraussetzung für ethnische Segmentation. Sie schafft Gelegenheitsstrukturen für die Entstehung und Verfestigung ethnischer Kolonien. Setzen sich die Wanderungsbewegungen in den kommenden Jahren auf ähnlichem Niveau fort wie seit 2014, sind die Voraussetzungen dafür jedenfalls gegeben.

Das Leben in ethnischen Kolonien kann das Entstehen von Ressentiments auf beiden Seiten fördern: bei den zugewanderten Gruppen ebenso wie bei der verbliebenen ursprünglichen Bevölkerung und der einheimischen Bevölkerung im Allgemeinen. Die Bildung ethnischer Kolonien wird von den damit konfrontierten einheimischen sozial Schwachen nicht als Ausdruck des Zusammengehörigkeitsgefühls der ethnischen Minderheit betrachtet, sondern als Bedrohung empfunden.

Soziale und ethnische Mischung

Für die großen Aufgaben in der Wohnungs- und Bildungspolitik heißt das: Die schichtspezifische Organisation der Integrationsaufgabe bietet auf Dauer keine Lösung. Politische Maßnahmen sollten daher in erster Linie das Ziel haben, Mischungen zu fördern. Das gilt für das Wohnen und noch einmal stärker für die schulische und vorschulische Integration. Die sozial-räumliche Entwicklung in den Städten ist allerdings seit Jahrzehnten von gegenläufigen Prozessen bestimmt. Seit mehr als 30 Jahren nehmen in einer Mehrzahl der Städte die sozialräumliche Polarisierung und die soziale Entmischung der Wohnbevölkerung zu. Ethnische Konzentration in Stadtvierteln heute (von wenigen Ausnahmen abgesehen) ist gleichbedeutend mit Armut und Kinderreichtum. Es wird also entscheidend darauf ankommen, dass es gelingt, geeigneten Wohnraum für die anerkannten Flüchtlinge innerhalb der Städte weitgehend zu verteilen und starke Konzentrationen zu vermeiden. Nur dann kann verhindert werden, dass sich ähnliche Mechanismen wie bei der Niederlassung der Gastarbeiter und ihrer Familien wiederholen.

Gleiches gilt für die Schulen. Hier ist die Option der Abwanderung noch leichter zu realisieren, deshalb ist die schulische Segregation immer schon ausgeprägter als die wohnräumliche. Mit der Abwanderung erhöhen wirtschaftlich starke und bildungsnahe Eltern ihren Nutzen. Deshalb finden sich die meisten Schüler mit Migrationshintergrund in Schulen wieder, in denen die Mehrheit ebenfalls einen Migrationshintergrund hat. Hinzu kommt: Es existiert ein starker Zusammenhang zwischen Schulart und sozialer sowie ethnischer Zusammensetzung der jeweiligen Schülerschaft. In Gymnasien dominieren Einheimische mit höherem sozialem Status, in Hauptschulen und integrierten Gesamtschulen sind Zuwanderer und Schüler aus Familien mit niedrigem sozialem Status sehr stark vertreten. Wenn Misserfolge der Vergangenheit vermieden werden sollen, muss darauf geachtet werden, dass die neuen Schüler nicht in erster Linie auf jene Schulen gelangen, die ohnehin schon die meisten Kinder aus armen Familien und Familien mit Zuwanderungshintergrund aufgenommen haben.

Die besonders hohen Anteile von Kindern nichtdeutscher Herkunftssprache in Kindergärten und Schulen in den großen Städten wirken sich als Barrieren für den Spracherwerb aus. Stärker als bisher müssen daher – neben dem Angebot an Sprachkursen und der Verpflichtung zur Teilnahme – die sozialen Bedingungen des Zweitspracherwerbs in den Blick genommen werden. Wo Gelegenheitsstrukturen fehlen, die deutsche Sprache zu sprechen, entsteht keine Motivation, sie zu nutzen. Entscheidend ist, dass im Alltag die Notwendigkeit besteht, die Sprache des Aufnahmelandes zu nutzen. Wenn in der Wohnumgebung, bei Alltagserledigungen (Einkaufen etc.), in der Familie, beim Medienkonsum und auf dem Pausenhof vorwiegend die Herkunftssprache gesprochen wird, entsteht der Eindruck, man benötige die Sprache des Aufnahmelandes nicht. Allerdings sind die Kerninstitutionen (Bildungswesen, Arbeitsmarkt) auch im 21. Jahrhundert weitestgehend noch durch die jeweiligen Landessprachen geprägt. Wer sich hier erfolgreich platzieren will, muss aufnahmelandspezifische Ressourcen erwerben. Die Bewahrung und Pflege herkunftsbezogener Fähigkeiten bleibt der Entscheidung der Zuwanderer überlassen – staatlich gefördert werden müssen sie nicht.

Staatliches Handeln

Zusätzlich zur gegenwärtigen Asylmigration verzeichnet die Bundesrepublik Deutschland seit einigen Jahren stark ansteigende Zuwanderungszahlen. Im Jahr 2014 wanderten 1,5 Millionen Personen nach Deutschland ein, so dass ein Wanderungsüberschuss von 550 000 Personen errechnet wurde (2013: +429 000 Personen). Der größte Teil von ihnen (rund drei Viertel) sind EU-Bürger. Auch sie suchen Arbeitsplätze und benötigen – zumindest einzelne Gruppen unter ihnen – Unterstützung bei der Integration. Unter den Bedingungen des Jahres 2015 setzen daher wirkungsvolle Integrationsmaßnahmen zuallererst voraus, dass der Zugang von Flüchtlingen in diesem Umfang nicht länger anhält. Bund, Länder, Kommunen, Wohlfahrtsverbände, Sportvereine und Ehrenamtliche können nicht über Jahre im Modus der Improvisation und des Krisenmanagements arbeiten. Beratungs- und Betreuungsstellen sind an ihre Grenzen gelangt oder haben sie inzwischen überschritten. Wohnungsbau, der Ausbau der vorschulischen und schulischen Bildungseinrichtungen sowie die Einrichtung von Sprachkursen setzen strategische Planung voraus.

Zuallererst müssen die Flüchtlinge so bald wie möglich aus den temporären Notunterkünften (Turnhallen, Zelten, Kasernen) in dauerhaften Wohnraum umsiedeln können. Je zügiger die Anerkennungen erfolgen, desto größer wird der Zeitdruck. Angesichts akuter Wohnungsnot sind erhebliche Wohnungsbauprogramme vonnöten, womit für alle Gruppen mit niedrigem Einkommen der zusätzliche Bedarf abgedeckt werden kann. Die Immobilienwirtschaft beziffert den Nachholbedarf auf rund 770 000 Wohnungen. Sozialer Wohnungsbau (für dessen Förderung die Länder zuständig sind) gehört ebenso dazu wie frei finanzierter Wohnungsbau, für den es zusätzlicher Anreize (steuerliche Förderung, Senkung der Baukosten) bedarf. Bis neue Wohnungen in nennenswertem Umfang entstanden sind, bedarf es eines Vorlaufs von drei bis fünf Jahren. Wie diese Phase zu überbrücken ist, ohne Obdachlosigkeit in größerem Umfang in Kauf nehmen zu müssen, scheint momentan noch offen.

Erschwert wird dieses Vorhaben durch die massenhafte Privatisierung öffentlich geförderten Wohnraums der zurückliegenden Jahrzehnte. Dies hat die Handlungsfähigkeit und die Einflussmöglichkeiten der Städte stark reduziert. Jene Städte, die noch über starke gemeinnützige Wohnungsbaugesellschaften verfügen, werden eine wesentlich bessere Chance haben, steuernd auf die Niederlassungsprozesse einzuwirken, als andere. Ein erheblicher Nachholbedarf ist auf den Rückgang des Neubaus von Wohnungen zurückzuführen, der in den zurückliegenden Jahren auf ein historisches Tief gesunken ist. In vielen Städten sind nur noch hochpreisige Eigentums- oder Mietwohnungen entstanden. In zahlreichen Ballungsräumen herrscht starke Knappheit an preiswertem Wohnraum und große Konkurrenz unter den Wohnungssuchenden. Sie wird durch die auf den Wohnungsmarkt drängenden Flüchtlinge weiter verschärft werden. Größere Unterschiede in den Handlungsnotwendigkeiten sind auf die zunehmenden Disparitäten zwischen den Städten zurückzuführen. Die Polarisierung zwischen Armen und Reichen kennzeichnet nicht nur die innerstädtischen Prozesse, sondern auch die Entwicklung zwischen den Städten. Auf der einen Seite stehen struktur- und einnahmestarke Großstädte mit niedrigen Arbeitslosen- und Transferleistungsquoten, deren Wohnungsmarkt angespannt ist, sie stehen im internationalen Wettbewerb. Auf der anderen Seite stehen strukturschwache Großstädte, deren Lage gekennzeichnet ist durch eine zunehmende Kluft zwischen Einnahmen und Ausgaben, einen Zwang zur Verschuldung, starke Unterbeschäftigung, Infrastrukturverfall, «wegrutschende» Stadtteile und ausgeschöpfte Konsolidierungspotentiale, stellt der Deutsche Städtetag fest. Diese Städte können sich nicht aus eigener Kraft aus ihrer Lage befreien. Hier werden die Schwerpunkte auf die Integration in den Arbeitsmarkt gelegt werden müssen, wohingegen in den strukturstarken Städten erhebliche Investitionen in den sozialen Wohnungsbau nötig sein werden. Zu erwarten ist, dass sich die Mehrheit der Flüchtlinge in den wirtschaftsstarken Regionen niederlassen wird.

Flüchtlinge können bei Niedriglohnarbeiten in Deutschland Einkommen erzielen, die sie in ihren Herkunftsländern nicht erreichen würden. Sie gelten deshalb als willkommene Interessenten für geringfügige Beschäftigung und für den Niedriglohnsektor. Der Mindestlohn solle für sie ausgesetzt werden, wurde gefordert. Ihre Qualifikationen sind – soweit das Ende des Jahres 2015 bereits gesagt werden kann – niedriger als beim Durchschnitt von Migranten und in Deutschland. Die Bundesagentur für Arbeit prognostizierte im Oktober 2015 bei den Flüchtlingen einen Anteil von 81 Prozent «ohne formale Qualifikation». Acht Prozent verfügen demnach über eine akademische, elf Prozent über eine berufliche Qualifikation. Zudem zeigen Studien, dass die arbeitslosen Flüchtlinge häufiger niedriger qualifizierte Arbeiten annehmen, die der Qualifikation, die sie im Herkunftsland erworben haben, nicht entsprechen. Die Integration in den Arbeitsmarkt wird keine schnellen Fortschritte machen. Erfolge sind – so betonen Arbeitsmarktforscher – erst mittel- und langfristig zu erwarten. Wenn eine «ethnische Segmentation» des Arbeitsmarktes vermieden werden soll, dann dürfen anerkannte Flüchtlinge nicht von vornherein als Potential von Geringqualifizierten angesehen und behandelt werden.

Schließlich: Eine gute Bildungs-, Sozial- und Wirtschaftspolitik ist immer auch eine gute Integrationspolitik. Wenn Integrationspolitik die Schaffung möglichst großer Chancengleichheit und die «Herstellung gleichwertiger Lebensverhältnisse im Bundesgebiet» (Art. 72, Abs. 2 GG) bedeutet, dann sind finanziell handlungsfähige Ebenen (Bund, Länder, Gemeinden) unabdingbar. In Zeiten massiver Ausgabenrestriktionen (Stichwort: «Schuldenbremse») droht sich die Schere zwischen Handlungserfordernissen und Handlungsmöglichkeiten weiter zu öffnen.

Perspektiven

Flüchtlingskrisen erfordern zuallererst, dass der Schutz von Flüchtlingen ermöglicht und gestärkt wird. Dazu müssen die internationalen Organisationen, allen voran der Hohe Flüchtlingskommissar der Vereinten Nationen und die Erstaufnahmeländer, gestärkt werden. Der UNHCR hat in den zurückliegenden Jahrzehnten seine Aufgaben und Verantwortlichkeiten kontinuierlich ausweiten müssen: Die Fluchtursachen sind nicht mehr vorwiegend in Staaten zu sehen, die Individuen verfolgen, wie dies noch das Bild des Flüchtlings in der Genfer Flüchtlingskonvention aus der Nachkriegszeit prägt. Eine Vielzahl von privaten oder halbstaatlichen Akteuren, von denen existentielle Bedrohungen ausgehen, tritt zunehmend auf den Plan. Aus Haiti, Libyen, Somalia oder Afghanistan fliehen Menschen, weil sie ungeschützt Gewaltszenarien ausgesetzt sind. Die Folgen des Klimawandels, von Nahrungsunsicherheit und Terrorismus oder fragile Staaten, die ihren Bürgern keinen Schutz mehr bieten können, gehören zu den Fluchtursachen im beginnenden 21. Jahrhundert. Diese Flüchtlinge, die nicht unter die klassische Definition der GFK fallen, bezeichnet Alexander Betts als «survival migrants». Viele von ihnen gehören jahrzehntelang zu einer globalen Flüchtlingsbevölkerung. Der ihnen gewährte Schutz hängt von den Interessen der Eliten der jeweiligen Nachbarstaaten, der Leistungsfähigkeit der staatlichen Verwaltung vor Ort, dem Rechtssystem und dem kulturellen Kontext ab. Auch der Handlungsspielraum des UNHCR hängt in starkem Maße von diesen Gegebenheiten ab.

Der UNHCR sieht drei Handlungsoptionen für Flüchtlinge vor: Die Rückkehr und damit Re-Integration in das Herkunftsland, die Integration in die Erstaufnahmeländer oder die Umsiedlung in Länder, in denen die Flüchtlinge dauerhaft eine neue Heimat finden. Die Unterstützung durch ökonomisch starke Staaten ist in jedem Fall unumgänglich: Die Infrastruktur der

Herkunftsländer ist vielfach im Zuge gewalttätiger Konflikte zerstört, so dass der Wiederaufbau finanziert, aber auch der Schutz der Rückkehrer in womöglich noch instabile Verhältnisse abgesichert werden muss. Integration in die Aufnahmeländer – das bedeutet in vielen Fällen den Ausbau von Flüchtlingslagern zu urbanen Zentren, die Zugang zu Bildungsinfrastruktur und zu Arbeitsplätzen ermöglichen. Die dauerhafte Umsiedlung in meist entfernte Aufnahmestaaten ist die Option, die quantitativ am geringsten ins Gewicht fällt. Dies ist der Grund dafür, warum die Betroffenen selbst die Initiative ergreifen und sich einzeln oder in kleinen Gruppen auf den Weg machen.

Seit Jahrzehnten scheitern alle Versuche, in der Flüchtlingspolitik innerhalb der EU zu einer solidarischen Verantwortungs- und Lastenteilung zu kommen. Bereits die einmalige Verteilung von Flüchtlingen, wie sie die Europäische Kommission vorgeschlagen und der Sonderrat der Innenminister im September 2015 mit Mehrheit beschlossen hat, hat wenig Chancen auf Realisierung – einige Mitgliedstaaten zögern oder weigern sich, ihre daraus entstehenden Verpflichtungen zu erfüllen. Die Einrichtung eines verpflichtenden Mechanismus für alle Mitgliedstaaten wird auf absehbare Zeit nicht zu verwirklichen sein. Eine Realisierung wird sich aller Voraussicht nach auf eine «Koalition der Willigen» beschränken.

In anderen Politikfeldern wie der Verteidigungs- oder der Klimapolitik herrscht – darauf hat die Politikwissenschaftlerin Astri Suhrke hingewiesen – ein weitreichender Konsens, dass die Aufgaben nicht mehr einzelstaatlich, sondern nur noch in solidarischen Staatenbünden (wie der NATO) verwirklicht werden können. Für die Flüchtlingspolitik scheint dies nicht zu gelten. Das Zusammenlegen von Ressourcen und die Verlagerung von Entscheidungskompetenzen auf die Ebene von Bündnissen ist im Feld der militärischen Sicherheit weitgehend unumstritten – durch die Kooperation und die verpflichtende Solidarität im «Bündnisfall» erzielen die beteiligten Staaten Sicherheitsgewinne, die sie alleine nicht erzielen würden. Von einer Kooperation in der Flüchtlingspolitik erwarten sich die Staaten keine vergleichbaren Effekte. Ein Anreiz, die Steuerungsfähigkeit an transnationale Institutionen abzugeben und Verteilungsverfahren zuzustimmen, die sich automatisch in Gang setzen und denen man dann ausgeliefert ist, erscheint in Zeiten größerer Bevölkerungsbewegungen kaum mehr gegeben. Dies gilt auch dann, wenn in Rechnung gestellt wird, dass durch kollektives Handeln Spannungen und Chaos ebenso verhindert werden können wie Überlastungen einzelner Staaten. Für Staaten ist die Aufnahme von Flüchtlingen – anders als die Öffnung für Waren oder Kapital – von besonderer Brisanz: Flüchtlinge sind immer wieder als Bedrohung wahrgenommen worden, sozial und wirtschaftlich, kulturell und unter Aspekten der inneren Sicherheit – zuletzt von den USA, die sich nach den Anschlägen von Paris weigerten, syrische Flüchtlinge wie geplant aufzunehmen. Die Erfahrungen mit der tatsächlich praktizierten Verantwortungs- und Lastenteilung nach dem Zweiten Weltkrieg oder im Umgang mit den Vietnam-Flüchtlingen («boat people») zeigt, dass in der Flüchtlingspolitik ad-hoc-Entscheidungen dominieren. Zudem muss eine gemeinsame Verantwortung für die Ursachen des Flüchtlingsaufkommens erkennbar sein und die Aufnahme von Flüchtlingen den sozialen, wirtschaftlichen und politischen Interessen potenzieller Aufnahmestaaten entsprechen. Druck, der von einer Vormacht (wie in den 1970er Jahren den USA) ausgeübt wird, ist ebenfalls einer Realisierung von Verantwortungsteilung förderlich. In Europa fehlen zu Beginn des 21. Jahrhunderts diese Voraussetzungen – die Mitgliedstaaten gewähren Asyl (nicht die Union) und auch der schwächste Mitgliedstaat kann seine Grenzen schließen, ohne dass er dafür nachhaltig unter Druck gesetzt werden könnte. Solidarität zwischen Staaten lässt sich nicht erzwingen.

Auf dem Weg über das Mittelmeer sind vom Jahr 2000 bis November 2015 rund 28 500 Migranten ums Leben gekommen; weltweit wurden in diesem Zeitraum dem Missing Migrants Project zufolge 40 000 Tote auf den Wanderungsrouten registriert. Das Mittelmeer gilt damit als die gefährlichste Route weltweit für Migranten. Als Reaktion wird seit langem ein Recht auf Einreise und damit ein sicherer und legaler Zugang zu fairen Verfahren in Europa gefordert, zuletzt in einer von Elspeth Guild und anderen verfassten Studie für den Innen- und Rechtsausschuss des Europäischen Parlaments. Trotz der Barrieren, die bislang zu überwinden sind, sind die Wanderungsbewegungen nach Europa in den vergangenen Jahren kontinuierlich angestiegen und haben 2014 und 2015 noch nicht dagewesene Höchststände erreicht. Die Flüchtlingsströme werden aufgrund der Dynamik von Kettenmigrationsprozessen zunächst weiter zunehmen. Ein barrierefreier Zugang zu Europa würde die EU-Staaten in einem Ausmaß mit gemischten Migrationsströmen konfrontieren, das die bisherigen Größenordnungen weit überträfe. Mehrere Reaktionen sind grundsätzlich denkbar: Die EU könnte dies als gemeinsame Herausforderung betrachten und den Versuch unternehmen, in den Staaten mit Außengrenzen aus den gemischten Migrationsströmen die tatsächlich Schutzbedürftigen in Asylverfahren zu identifizieren, sie auf die Mitgliedstaaten zu verteilen und jene, die kein Bleiberecht erhalten, zur Rückkehr zu veranlassen.

Eine alternative Reaktion wäre eine Rückkehr zu einzelstaatlichen Grenzkontrollen, wie sie bereits von niederländischer Seite (und von der Opposition in Frankreich) ins Gespräch gebracht wurde. Ein Rückfall auf ein «Mini-Schengen» europäischer Kernstaaten würde allerdings die humane Bewältigung eines hohen Flüchtlingszugangs unmöglich machen, die Union endgültig spalten und deren Ende in ihrer gegenwärtigen Verfassung bedeuten. Das Szenario «offene Grenzen» nimmt die Destabilisierung der EU in Kauf, weil es die Tragfähigkeit der Union überbeansprucht. Es unterstellt zudem, dass die Aufgaben des Flüchtlingsschutzes am humansten und effizientesten in Europa gelöst würden. Dieser Annahme liegt eine Überschätzung der Leistungsfähigkeit Europas zugrunde. Hinzu kommt: Immer mehr europäische Regierungen stehen unter dem Druck rechtspopulistischer und rechtsradikaler Parteien: In Frankreich und Großbritannien, Polen, Ungarn, Dänemark und Griechenland finden sie von Wahl zu Wahl mehr Zuspruch.

«Reiche» Staaten, zu denen viele europäische Kernstaaten ohne Zweifel gehören, haben eine besondere Verantwortung gegenüber den Flüchtlingen weltweit. Ihr können sie gerecht werden durch Aufnahme von Flüchtlingen (auf individuelle Weise durch die Prüfung von Asylanträgen oder kollektiv durch Umsiedlung von Gruppen). Zusätzlich können (und ethisch betrachtet: müssen) sie am Schutz von Flüchtlingen mitwirken durch Beteiligung an Friedensmissionen und durch Abgabe eines Teils ihres Wohlstands in Form finanzieller Unterstützung humanitärer Organisationen und von Erstaufnahmestaaten. Hier haben etliche Staaten und die EU erheblichen Nachholbedarf.

Hinzu kommt: Nicht nur konkrete Handlungen sind gefordert, auch das Unterlassen bestimmter Aktivitäten, unter anderem von Waffenlieferungen in Kriegs- und Bürgerkriegsgebiete oder an Staaten, die sich direkt oder indirekt an derartigen Konflikten beteiligen (wie die Golfstaaten). Zum notwendigen Unterlassen zählt auch die Beteiligung an militärischen Interventionen, deren Risiken und Nebenwirkungen nicht eingeschätzt werden können – wie im Irak oder in Libyen. In beiden Fällen wurde mit dem westlichen Eingreifen der Destabilisierung einer ganzen Region Vorschub geleistet. Wie sich die Flüchtlingsbewegungen weiterentwickeln, wird wesentlich davon abhängen, wie sich die politische Lage östlich und südlich der EU darstellen wird: Der Konflikt in der und um die Ukraine kann jederzeit durch Russland oder durch die ukrainische Seite eskalieren – mit unabsehbaren Folgen für den Weltfrieden und für die Menschen, die in einem solchen Fall zur Flucht gezwungen werden. Auch eine Lösung der Krisen und Kriege im Nahen und Mittleren Osten ist nicht in Sicht.

Deutschland wird auch in Zukunft Wanderungsmagnet bleiben. Es ist wirtschaftlich stark und politisch stabil. Und es ist aufgrund seiner Binnenlage in der Mitte Europas relativ leicht zu erreichen. Zudem haben Politik und Wirtschaft in den vergangenen Jahren Einladungen zur Zuwanderung ausgesprochen. Bundespräsident Joachim Gauck etwa erklärte bei einem Staatsbesuch in Indien im Februar 2014 «Wir haben Platz in Deutschland». Die deutsche Bevölkerung werde immer kleiner, weil viele Familien nur noch ein Kind oder gar keinen Nachwuchs hätten. «Deshalb warten wir auch auf Menschen aus anderen Teilen der Welt, die bei uns leben und arbeiten wollen. Darauf freuen wir uns schon.» (Gauck lockt Inder: «Die Welt» vom 8.2.2014) Solche Botschaften werden nicht nur in Indien gehört.

Ob die Integration der Flüchtlinge gelingen wird, hängt stark von der Konjunkturentwicklung und vom Arbeitsmarkt in den nächsten Jahren ab. Der Zuzug von Flüchtlingen nach Deutschland, daran sei an dieser Stelle erinnert, ist auch Ausdruck eines positiven Deutschlandbildes, einer manchmal fast amerikanisch anmutenden Zuneigung zu dem Land, das Schutz gewährt und Perspektiven verheißt. «Alle Syrer wollen nach Deutschland. Weil wir glauben, dass es das schönste Land Europas ist und das sicherste. Die Deutschen sind nett, sie reden respektvoll mit uns», sagt Hambar Al Husein, Schüler des Alexander-von-Humboldt-Gymnasiums in Bremen-Huchting (Was sind eure Werte?, «Die Zeit» vom 1.10.2015). Und ein 28-jähriger Webdesigner aus Syrien erklärt: «Germany – It's the country of my dreams.» Was den Flüchtling in Delmenhorst vor allem beeindruckt, ist der Wiederaufstieg des zerstörten Deutschland nach dem Zweiten Weltkrieg. Solche emotionale Zuwendung wird den meisten Einheimischen fremd sein. Aber auch sie wird das Land verändern.

Abkürzungsverzeichnis

AEUV	Vertrag über die Arbeitsweise der Europäischen Union
AMIF	Asyl-, Migrations- und Integrationsfonds
BAMF	Bundesamt für Migration und Flüchtlinge
BIP	Bruttoinlandsprodukt
DÜ	Dubliner Übereinkommen
EASO	Europäisches Unterstützungsbüro für Asylfragen
EES	Einreise-/Ausreisesystem (entry/exit system)
EGMR	Europäischer Menschenrechtsgerichtshof
EMRK	Europäische Menschenrechtskonvention
EU	Europäische Union
EuGH	Europäischer Gerichtshof
Eurofor	Europäische Eingreiftruppe (European Force)
Eurosur	Europäisches Grenzüberwachungssystem (European border surveillance system)
Frontex	Europäische Agentur für die operative Zusammenarbeit an den Außengrenzen der Mitgliedstaaten der Europäischen Union (Akronym für «frontières extérieures»)
GEAS	Gemeinsames Europäisches Asylsystem
GFK	Genfer Flüchtlingskonvention
IOM	Internationale Organisation für Migration
ISAF	Internationale Sicherheitsunterstützungstruppe (International Security Assistance Force)
RABIT	Soforteinsatzteam für Grenzsicherungszwecke (Rapid Border Intervention Team)
RTP	Registrierungsprogramm für Reisende
SDÜ	Schengener Durchführungsübereinkommen
SGK	Schengener Grenzkodex
SIS	Schengener Informationssystem
SVR	Sachverständigenrat deutscher Stiftungen für Integration und Migration
UNHCR	Hochkommissar für Flüchtlinge der Vereinten Nationen
VIS	Visa-Informationssystem

Literaturhinweise

Kapitel I

Abel, Guy J./Sander, Nikola: Quantifying Global International Migration Flows, in: SCIENCE 343, März 2014, S. 1520–1522.

Alscher, Stefan/Obergfell, Johannes/Roos, Stefanie Ricarda: Migrationsprofil Westbalkan. Ursachen, Herausforderungen und Lösungsansätze, Working Paper 63, Bundesamt für Migration und Flüchtlinge, Nürnberg 2015.

Amnesty International: Report 2014/15. Zur weltweiten Lage der Menschenrechte, Frankfurt am Main 2015.

Bade, Klaus J./Emmer, Pieter C./Lucassen, Leo/Oltmer, Jochen (Hrsg.): Enzyklopädie Migration in Europa. Vom 17. Jahrhundert bis zur Gegenwart, Paderborn 2007.

Betts, Alexander/Loescher, Gil/Milner, James: UNHCR: The Politics and Practice of Refugee Protection, London/New York [2]2012.

Brenke, Karl: Flüchtlinge sind sehr ungleich auf die EU-Länder verteilt – auch bezogen auf die Wirtschaftskraft und Einwohnerzahl, DIW-Wochenbericht 39 (2015), S. 867–881.

Castles, Stephen/de Haas, Hein/Miller, Mark J. (Hrsg.): The Age of Migration. International Population Movements in the Modern World, Basingstoke [5]2014.

D'Orsi, Cristiano: Asylum-Seeker and Refugee Protection in Sub-Saharan Africa. The Peregrination of a Persecuted Human Beeing in Search of a Safe Have, London/New York 2015.

Engler, Marcus: Sicherer Zugang. Die humanitären Aufnahmeprogramme für syrische Flüchtlinge in Deutschland, Policy Brief des SVR-Forschungsbereichs, Berlin 2015.

Fiddian-Qasmiyeh, Elena/Loescher, Gil/Long, Katy/Sigona, Nando (Hrsg.): The Oxford Handbook of Refugee and Forced Migration Studies, Oxford 2014.

Internal Displacement Monitoring Centre/Norwegian Refugee Council: Global Overview 2015. People internally displaced by conflict and violence, Chatelaine 2015.

Jacobsen, Karen: Livelihoods and Forced Migration, in: Fiddian-Qasmiyer, Elena/Loescher, Gil/Long, Katy/Sigona, Nando (Hrsg.): The Oxford Handbook of Refugee and Forced Migration Studies, Oxford 2014, S. 99–111.

Kleist, J. Olaf: Warum weit weniger Asylbewerber in Europa sind, als angenommen wird: Probleme mit Eurostats Asylzahlen, in: Zeitschrift für Ausländerrecht und Ausländerpolitik 9 (2015), S. 294–299.

Koselleck, Reinhart: Art. Krise, in: Brunner, Otto/Conze, Werner/Koselleck, Reinhart (Hrsg.): Geschichtliche Grundbegriffe, Bd. 3, Stuttgart 1982, S. 617–650.

Markard, Nora: Kriegsflüchtlinge. Gewalt gegen Zivilpersonen in bewaffneten Konflikten als Herausforderung für das Flüchtlingsrecht und den subsidiären Schutz, Tübingen 2012.

Martin, Susan F./Weerasinghe, Sanjula/Taylor, Abbie (Hrsg.): Humanitarian Crises and Migration. Causes, consequences and responses, London/New York 2014.

Möllers, Judith/Arapi-Gjini, Arjola/Xhema, Sherif/Herzfeld, Thomas: Massenflucht aus dem Kosovo: Ein schlingernder Staat verliert seine Bürger, IAMO Policy Brief 24, Juni 2015.

Pfau, Markus: Schleusungskriminalität, Marburg 2012.

Scholz, Antonia: Warum Deutschland? Einflussfaktoren bei der Zielstaatssuche von Asylbewerbern, Forschungsbericht 19, Bundesamt für Migration und Flüchtlinge, Nürnberg 2013.

Townsend, Jacob/Oomen, Christel: Before the boat. Understanding the migrant Journey, Migration Policy Institute Report, Brüssel 2015.

Triandafyllidou, Anna/Maroukis, Thanos: Migrant smuggling. Irregular Migration from Asia and Africa to Europe, Basingstoke 2012.

UNHCR: Warum Flüchtlinge nach Europa kommen, Mitteilung vom 25.09.2015.

UNHCR: World at War. Global Trends. Forced Displacement in 2014, Genf 2014.

United Nations Security Council: Report of the Secretary-General on the protection of civilians in armed conflict, S/2015/453, 18. Juni 2015.

Kapitel 2

Bast, Jürgen: Solidarität im europäischen Einwanderungs- und Asylrecht, in: Knodt, Michèle/Tews, Anne (Hrsg.): Solidarität in der EU. Schriftenreihe des Arbeitskreises Europäische Integration e.V. 81, Baden-Baden 2014, S. 143–161.

Baumann, Mechthild: Frontex und das Grenzregime der EU, focus Migration 25 (2014).

Berlit, Uwe: Aktuelle Entwicklungen im Ausländerrecht, in: Neue Zeitschrift für Verwaltungsrecht (NVwZ) 6 (2013), S. 327–333.

Buckel, Sonja: «Welcome to Europe». Die Grenzen des europäischen Migrationsrechts. Juridische Auseinandersetzungen um das «Staatsprojekt Europa», Bielefeld 2013.

Bundesamt für Flüchtlinge und Migration: Das Bundesamt in Zahlen 2014. Asyl, Migration und Integration, Nürnberg 2015.

Deutscher Anwaltverein/Arbeiterwohlfahrt/Diakonie/Pro Asyl u. a.: Memorandum Flüchtlingsaufnahme in der Europäischen Union. Für ein gerechtes und solidarisches System der Verantwortung, o.O. 2013.

Deutscher Bundestag: Aktueller Begriff: Zur Unvereinbarkeit von Abschie-

bungen nach Griechenland im Rahmen der Dublin-II-Verordnung mit der EMRK, Wissenschaftliche Dienste 18/11 vom 25.05.2011.
Europäisches Unterstützungsbüro für Asylfragen: EASO Jahresprogramm 2014, Luxemburg 2013.
Filzwieser, Christian/Sprung, Andrea: Dublin III-Verordnung. Das Europäische Asylzuständigkeitssystem, Wien/Graz 2014.
Fröhlich, Daniel: Das Asylrecht im Rahmen des Unionsrechts. Entstehung eines föderalen Asylregimes in der Europäischen Union, Tübingen 2011.
Klepp, Silja: Europa zwischen Grenzkontrolle und Flüchtlingsschutz. Eine Ethnographie der Seegrenze auf dem Mittelmeer, Bielefeld 2011.
Laube, Lena: Grenzkontrollen jenseits nationaler Territorien. Die Steuerung globaler Mobilität durch liberale Staaten, Frankfurt am Main 2013.
Luft, Stefan/Schimany, Peter (Hrsg.): 20 Jahre Asylkompromiss. Bilanz und Perspektiven, Bielefeld 2014.
Marx, Reinhard: Ist die Verordnung (EG) Nr. 343/2003 (Dublin-II-VO) noch reformfähig?, in: Zeitschrift für Ausländerrecht und Ausländerpolitik (ZAR) 6/32 (2012), S. 188–194.
Rat der Europäischen Union: Schlussfolgerungen des Rates über 29 Maßnahmen zur Stärkung des Schutzes der Außengrenzen und zur Bekämpfung der illegalen Einwanderung, Dokument 6975/10 (2010).
Sachverständigenrat deutscher Stiftungen für Integration und Migration (SVR): Unter Einwanderungsländern. Deutschland im internationalen Vergleich. Jahresgutachten 2015, Berlin 2015.
Seehase, Juliane: Die Grenzschutzagentur Frontex. Chance oder Bedrohung für den Europäischen Flüchtlingsschutz, Baden-Baden 2013.
Vetter, Reinhold: Flüchtlingskrise und Wahlkampf. Tiefe Gräben in Gesellschaft, Politik und Kirche, in: Polen-Analysen 169 vom 6.10.2015.

Kapitel 3

Bericht der Unterarbeitsgruppe Vollzugsdefizite über die Ergebnisse der Evaluierung des Berichts über die Probleme bei der praktischen Umsetzung von ausländerbehördlichen Ausreiseaufforderungen und Vollzugsmaßnahmen vom April 2011, April 2015.
Bundesamt für Migration und Flüchtlinge: Ablauf des deutschen Asylverfahrens. Asylantragstellung – Entscheidung – Folgen der Entscheidung, Nürnberg 2014.
Ergänzende Informationen zur Asylstatistik für das Jahr 2014. Antwort der Bundesregierung auf die Kleine Anfrage der Abgeordneten Ulla Jelpke (…) und der Fraktion DIE LINKE, BT Drs. 18/3850.
Hailbronner, Kay: Asyl- und Ausländerrecht, Stuttgart, ³2014.
Hailbronner, Kay: Deutsche, Ausländer, Gastarbeiter, Flüchtlinge, Migranten, ausländische Mitbürger – Überlegungen zur Entwicklung der Menschenrechte im Ausländerrecht, in: Breuer, Martin u. a. (Hrsg.): Der Staat im Recht. FS für Eckart Klein, Berlin 2013, S. 1067–1084, hier S. 1078.

Hailbronner, Kay/Thiery, Claus: Schengen II und Dublin: der zuständige Asylstaat in Europa. ZAR 2/17 (1997), S. 55–66.

Hampshire, James: The Politics of Immigration. Contradictions of the Liberal State, Cambridge 2013.

Klos, Christian: Aufenthaltsrecht vor dem Infarkt. Ein rechtspolitisches Menetekel, in: Jochum, Georg/Fritzemeyer, Wolfgang/Kau, Marcel (Hrsg.): Grenzüberschreitendes Recht – Crossing Frontiers. FS für Kay Hailbronner, Heidelberg/München 2013, S. 123–136, hier S. 135.

Markard, Nora: Kriegsflüchtlinge. Gewalt gegen Zivilpersonen in bewaffneten Konflikten als Herausforderung für das Flüchtlingsrecht und den subsidiären Schutz, Tübingen 2012.

Müller-Schneider, Thomas: Zuwanderung in westliche Gesellschaften. Analyse und Steuerungsoptionen, Opladen 2000.

Thym, Daniel: Migrationsverwaltungsrecht, Tübingen 2010.

Thym, Daniel: Stellungnahme für die Öffentliche Anhörung des Innenausschusses des Deutschen Bundestages am Montag, den 23. März 2015 über den Entwurf eines Gesetzes zur Neubestimmung des Bleiberechts und der Aufenthaltsbeendigung, Deutscher Bundestag Innenausschuss, Drs. 18(4)269 G.

Zuwanderung gestalten. Integration fördern. Bericht der Unabhängigen Kommission «Zuwanderung», Berlin 2011.

Kapitel 4

Betts, Alexander: Survival Migration. Failed Governance ant the Crisis of Displacement, Ithaca/London 2013.

Böltken, Ferdinand/Gatzweiler, Hans-Peter/Meyer, Katrin: Räumliche Integration von Ausländern und Zuwanderern, in: Informationen zur Raumentwicklung 8 (2002), S. 397–414.

Esser, Hartmut: Soziologie. Spezielle Grundlagen, Bd. 2: Die Konstruktion der Gesellschaft, Frankfurt am Main 2000.

Esser, Hartmut: Sprache und Integration. Die sozialen Bedingungen und Folgen des Spracherwerbs von Migranten, Frankfurt am Main/New York 2006.

Guild, Elspeth/Costello, Cathryn/Garlick, Madeline/Moreno-Lax, Violetta: Enhancing the Common European Asylum System and Alternatives to Dublin, Studie für den Innen- und Rechtsausschuss des Europäischen Parlaments, Brüssel 2015.

Haug, Sonja/Müssig, Stephanie/Stichs, Anja: Muslimisches Leben in Deutschland im Auftrag der deutschen Islamkonferenz, hrsg. vom Bundesamt für Migration und Flüchtlinge, Nürnberg 2009.

Heckmann, Friedrich: Integration von Migranten. Einwanderung und neue Nationenbildung, Wiesbaden 2015.

Luft, Stefan: Staat und Migration. Zur Steuerbarkeit von Zuwanderung und Integration, Frankfurt am Main 2009.

Münkler, Herfried: Kriegssplitter. Die Evolution der Gewalt im 20. und 21. Jahrhundert, Berlin 2015.

Riedel, Sabine: Fluchtursache Staatszerfall am Rande der EU. Die europäische Verantwortung, Arbeitspapier der Stiftung Wissenschaft und Politik 2, Berlin 2015.

Rudolf, Peter: Bürgerkriege und Massenverbrechen verhindern – aber wie? Erträge der Forschung, Studie der Stiftung Wissenschaft und Politik 2015/S 16, Berlin 2015.

Suhrke, Astri: Burden-sharing during Refugee Emergencies. The Logic of Collective versus National Action, in: Journal of Refugee Studies 4/11 (1998), S. 396–415.

Register